ABI ab 2024

Auf einen Blick

W0329320

Geschichte

Hessen

STARK

Bildnachweis

S. 4: Philipp Veit, 1848
S. 6: Lithographie von Theodor Hosemann, 1848
S. 8: Radierung von Heinrich Bebi
S. 16: Bundesarchiv, Bild 183-R68588, Fotograf: Loescher, P. & Petsch, 3. Juli 1871
S. 24: Bain News Service, 1915
S. 26: Bundesarchiv, B 145 Bild-F051656-1395, Fotograf: unbekannt, 1919, CC-BY-SA 3.0
S. 32: Bundesarchiv, Plak 002-016-047, Grafiker: Mjölnir (Schweitzer, Hans), 1932
S. 34: Bundesarchiv, Bild 183-K0930-502, Fotograf: unbekannt, November 1933, CC-BY-SA 3.0
S. 36: Meinhard Fenske, 1938
S. 38: Bundesarchiv, Bild 102-17049, Fotograf: Georg Pahl, 25. August 1934, CC-BY-SA 3.0
S. 40: Bundesarchiv, Bild 146-1969-065-24, Fotograf: unbekannt, 28. September 1938, CC-BY-SA 3.0
S. 44: Bundesarchiv, Bild 183-74237-004, Fotograf: Bernhard Walter, Mai 1944, CC-BY-SA 3.0
S. 46: George (Jürgen) Wittenstein / akg-images
S. 50: Bundesarchiv, Bild 173-1282, Fotograf: Helmut J. Wolf, August 1961, CC-BY-SA 3.0
S. 52: Bundesarchiv, B 145 Bild-F078072-0004, Fotograf: Young, Katherine, 23. Juni 1952
S. 54: picture-alliance / dpa
S. 56: Foto: Roland Arhelger / Wikipedia, CC BY-SA 4.0

www.stark-verlag.de

Inhalt

Hinweis zur Benutzung

Die folgenden Themenfelder bzw. Rubriken einer Doppelseite sind nur für den Leistungskurs relevant:

- Polnische Nationalbewegung (S. 12 f.)
- Italienische Nationalbewegung (S. 14 f.)
- These vom deutschen „Sonderweg“ (Hans-Ulrich Wehler) (S. 21)

Was erwartet mich?

Die **Themenfelder und Konkretisierungen des Geschichtsabiturs in Hessen** sind breit gestreut und reichen von der Revolution von 1848/49 über das Kaiserreich, den Ersten Weltkrieg, die Weimarer Republik und die Zeit des Nationalsozialismus bis zur Teilung und Wiedervereinigung Deutschlands. Bei diesen auch zeitlich weit gespannten Themen ist es nicht immer leicht, den Überblick zu behalten. Ihnen dabei zu helfen, ist das Hauptanliegen des vorliegenden Büchleins, das nach dem Doppelseiten-Prinzip aufgebaut ist.

- Jede Doppelseite beginnt mit einem **Schaubild**, das ein schnelles Erfassen des Themas ermöglicht und seine zentralen Merkmale veranschaulicht. Durch die grafische Gestaltung werden Zusammenhänge auf einen Blick deutlich und sind leichter zu behalten.
- Die **historische Abbildung** neben jedem Schaubild gibt einen Einblick in die behandelte Zeit und kann als Merkhilfe dienen.
- Die **Gliederung** des Büchleins folgt den inhaltlichen Vorgaben des hessischen Kerncurriculums, um eine optimale Vorbereitung auf das Abitur zu ermöglichen. Dabei sind die **Lehrplaninhalte** jeweils auf einer **Doppelseite** prägnant in Stichpunkten dargestellt. Auf diese Weise lassen sich die zentralen Aspekte schnell erfassen und leichter merken.
  - Das erste Kapitel behandelt **Europa und die Welt im „langen 19. Jahrhundert“**. Es geht dabei sowohl auf die national-liberale Bewegung und die Revolution von 1848/49 samt ihrer Probleme und Auswirkungen als auch auf das Kaiserreich und den Weg in den Ersten Weltkrieg ein. Zudem behandeln zwei Doppelseiten gesondert die polnische und die italienische Nationalbewegung, um an deren Beispiel die europäische Dimension der nationalen Bewegung zu zeigen.
  - Das Kapitel zu **Demokratie und Diktatur** zwischen 1917 und 1945 umfasst die Entstehung sowie die innen- und außenpolitische Entwicklung der Weimarer Republik. Außerdem geht es auf den Aufstieg der NSDAP und die Jahre der NS-Herrschaft von 1933 bis 1945 ein.
  - Das letzte Kapitel konzentriert sich auf die Zeit nach 1945 und behandelt die **Teilung und Wiedervereinigung Deutschlands**. Es thematisiert sowohl die Besatzungspolitik der Siegermächte unmittelbar nach dem Zweiten Weltkrieg als auch die Entstehung des Kalten Kriegs. Je eine Doppelseite widmet sich der Westorientierung unter Konrad Adenauer sowie der Neuen Ostpolitik von Willy Brandt. Eine Doppelseite zur Überwindung der deutschen Teilung rundet das Kapitel ab.

Der STARK Verlag wünscht Ihnen bei der Arbeit mit dem Buch viel Freude und für das Abitur viel Erfolg!

Auf einen Blick

Staatsbürgernation vs. **Volks- bzw. Kulturnation**

z. B. Nationsverständnis in Frankreich um 1789

- Territorialprinzip (politisch): einheitliches Staatsgebiet
- oft Ergebnis eines revolutionären Kampfs Unterdrückter gegen bestehende Obrigkeit
- Verfassung als zentrales Element: Gültigkeitsbereich der Verfassung als Definition für Grenzen des Nationalstaats
- freiwilliger Zusammenschluss der Mitglieder aufgrund gemeinsamer politischer Ziele

▼

rationaler (vernunftbetonter) Zugang

z. B. Nationsverständnis in Deutschland im 19. Jahrhundert

- Abstammungsprinzip (ethnisch): gleiche Abstammung, gemeinsame Sprache, Kultur und Religion
- Streben nach möglichst großer Homogenität
- pathetische Aufwertung der eigenen Nation (Sakralisierung der Heimat) → Abgrenzung gegenüber anderen Nationen
- Zugehörigkeit durch Geburt bestimmt

▼

emotionaler (gefühlsbetonter) Zugang

Begrifflichkeiten

- **Konservatismus:** Ablehnung von Volkssouveränität und Nationalstaat, stattdessen Glaube an von Gott legitimierte dynastische Herrschaft der Fürsten und an traditionelle Ständeordnung
- **Liberalismus:** Streben nach Verfassung, Gewaltenteilung, Parlamentarismus und Grundrechten
- **Nationalismus:** Wunsch nach Herstellung eines Nationalstaats, der auf gemeinsamer Verfassung beruht **(Staatsbürgernation)** oder der auf einer gemeinsamen Sprache, Kultur und Geschichte basiert **(Kulturnation)**; anfänglich gegen Fürstentümer mittelalterlicher Prägung gerichtet und eng mit Liberalismus verbunden

Entstehung

- französische Besetzung deutscher Gebiete als Folge der Koalitionskriege → Widerstand gegen **napoleonische Fremdherrschaft** → **wachsendes Nationalbewusstsein** in Deutschland
- Frühjahr 1813: **antinapoleonisches Bündnis** zahlreicher europäischer und deutscher Mächte → Auftreten einer politischen Bewegung von Patrioten (hauptsächlich Studenten), die ihr Vaterland militärisch verteidigen wollen (**Lützow'sches Freikorps**, auf dessen Uniform die deutschen Nationalfarben zurückgehen)
- **Völkerschlacht von Leipzig** (16.–19. Oktober 1813): Sieg der Verbündeten und Hoffnung der Patrioten auf Wiederherstellung des Reiches

Entwicklung

- **Wiener Kongress** 1814/15: Fürstenkongress zur **Neuordnung Europas** nach Koalitionskriegen gegen Napoleon → Ziel: **Wiederherstellung der vorrevolutionären Verhältnisse** und eines Kräftegleichgewichts in Europa
- **Grundprinzipien** des Wiener Kongresses („System Metternich“):
  – **Restauration:** Wiederherstellung des politischen Zustands vor der Französischen Revolution

– **Legitimität:** Rechtfertigung einer monarchischen Herrschaft, die auf Gottesgnadentum beruht
– **Solidarität:** gemeinsame Interessenpolitik zur Abwehr revolutionärer Ideen (Heilige Allianz)
→ **Enttäuschung der liberalen Hoffnungen** des Bildungsbürgertums und der Studenten

- Gründung des **Deutschen Bunds** als Bollwerk gegen Ideen von Liberalismus, Demokratie und nationaler Einheit sowie als Mittel zur Wahrung des europäischen Gleichgewichts → **Scheitern der Vorstellungen** vieler Patrioten **von einem Nationalstaat** und einer Bundesverfassung
- ABER: in manchen Einzelstaaten (Bayern, Baden, Württemberg, Hessen-Darmstadt) bereits **fortschrittlichere Verfassungen** mit Zweikammersystem = Beginn des deutschen **Frühkonstitutionalismus** als Forum für Liberale
- ab 1815: Organisation der Studenten in einer deutschen Burschenschaft **(Jenaer Urburschenschaft)**, die sich für demokratische Reformen und nationale Einheit einsetzt
- **Wartburgfest** 1817 als erstes deutsches Nationalfest: Feier des vierten Jahrestags der Völkerschlacht von Leipzig und des 300. Jahrestags von Luthers Thesenanschlag → Kundgebungen und **Forderungen nach politischer Einheit und Freiheit**
- **Vormärz** (1815–1848): Spannungen zwischen konservativen **Kräften der Beharrung** und fortschrittlichen **Kräften des Wandels**
- **Juli-Revolution** 1830 in Frankreich nach Aufhebung der Pressefreiheit und Auflösung der Abgeordnetenkammer durch König → Arbeiterschaft fordert Errichtung einer Republik, kann sich aber nicht gegen Bürgertum durchsetzen → liberaler Herzog wird **„Bürgerkönig"**, der an Verfassung gebunden ist → Stärkung der liberalen Bewegung in Deutschland
- vereinzelte **Aufstände in Deutschland** (**Sturm** radikaler Studenten **auf Frankfurter Hauptwache** 1833) und Forderungen nach Grundrechten sowie nach Verfassungs- und Justizreform
- grenzüberschreitende **Solidarität zwischen Nationalbewegungen in Europa**, z. B. Polenbegeisterung deutscher Intellektueller nach polnischem Aufstand gegen russisches Zarenregime (1830/31), aber teilweise auch **nationalistische Ressentiments**, z. B. zwischen Frankreich und Deutschland, als Frankreich den Rhein als „natürliche Grenze" einfordert (**Rheinkrise** 1840)

Unterdrückung

- 23. März 1819: **Ermordung des reaktionären Schriftstellers** und Diplomaten August von Kotzebue durch den Studenten Sand → Repressionen der Obrigkeit
- **Karlsbader Beschlüsse** (1819) als rechtliche Grundlage für Verfolgung und **Unterdrückung der nationalen und liberalen Bewegung:** Verbot von Burschenschaften und Turnvereinen, Pressezensur, Überwachung von Universitäten, Verfolgung von Oppositionellen → Abflauen der Nationalbewegung und **Rückzug ins Private** (Biedermeier)
- **Hambacher Fest** 1832 als erste politische Massendemonstration (über 20 000 Teilnehmer) in Deutschland mit **Forderungen nach deutschem Nationalstaat** auf Grundlage einer Verfassung → **verschärfte politische Repression** mithilfe polizeistaatlicher Überwachung
- trotz Verfolgung und Unterdrückung weiterhin Proteste gegen restauratives System, z. B. 1837 Protest von sieben Professoren **(„Göttinger Sieben")** gegen Aufhebung der Verfassung im Königreich Hannover
- politisch motivierte Dichter des **Jungen Deutschland** nutzen literarische Mittel der Satire und Ironie in Presse und Literatur, um verdeckt Kritik zu üben

Auf einen Blick

Ursachen
- Soziale Frage
- Wirtschafts- und Hungerkrisen
- Verweigerung von Reformen

Anlass
Absetzung des französischen Königs und Ausrufung der Republik

Verlauf
- „Märzforderungen“ und Massendemonstrationen
- Einsetzen von „Märzministern“
- „Vorparlament“
- Nationalversammlung in Frankfurter Paulskirche → Ausarbeitung einer Verfassung
- Gegenrevolution

Ende
- Ablehnung der Kaiserkrone durch Friedrich Wilhelm IV. → Scheitern der Verfassung
- Auflösung des „Rumpfparlaments“

Folgen
- reaktionäre Politik
- Auswanderung
- preußisch-österreichischer Dualismus
- Reichsgründung von oben

Ursachen

- Konfliktpotenzial durch **Soziale Frage** → Verarmung großer Teile der Bevölkerung
- Teuerung von Lebensmitteln aufgrund schlechter Ernten → **Wirtschafts- und Hungerkrisen**
- Absinken zahlreicher Kleinbauern zu schlecht bezahlten Landarbeitern oder Tagelöhnern nach Bauernbefreiung
- **Verweigerung sozialer und politischer Reformen** durch aristokratische Regierungen

→ Entstehen einer revolutionären Situation durch **Problemakkumulation**

Verlauf

- Februar 1848: **Aufstand gegen französischen Bürgerkönig** in Paris → Absetzung des Königs und Ausrufung der Republik → Initialzündung für Revolution in Deutschland
- 27. Februar 1848: Volksversammlung in Mannheim mit Forderungen nach Pressefreiheit, Volksbewaffnung, Geschworenengerichten, liberalen Ministern und Wahlen zu einem deutschen Parlament **(„Märzforderungen“)**
- 1. März 1848: Überreichung einer **Petition an Badener Landstände** → Berufung prominenter Liberaler in die Regierung **(„Märzminister“)**
- März 1848: schichtenübergreifende **Massendemonstrationen** in allen Staaten und Städten des Deutschen Bunds → Einsetzen von liberalen Ministern und Bildung verfassunggebender Versammlungen in deutschen Einzelstaaten
- Entwicklungen in Preußen und Österreich:
  - **Berlin:** Beschuss der Demonstranten durch das Militär → **Barrikadenkämpfe** → Huldigung der „Märzgefallenen“ durch den König, um Barrikadenkämpfe zu beenden → **taktisches Nachgeben des Königs** und Versprechen einer Verfassung, um Thron zu behalten
  - **Wien** (Zentrum der Restauration und Großstadt mit vielen sozialen Problemen, außerdem Unabhängigkeitsstreben anderer Nationalitäten im Vielvölkerstaat): Massendemonstrationen und blutige **Barrikadenkämpfe** → **Flucht** des reaktionären Kanzlers **Metternich** → Kaiser verspricht Verfassung, aber dennoch immer wieder Aufstände durch Radikale bis Oktober 1848

- Tagung des „**Vorparlaments**“ (31. März bis 4. April 1848) in Frankfurt am Main: Planungen zur **Wahl einer verfassunggebenden Nationalversammlung** in Übereinstimmung mit Regierungen der Einzelstaaten
- „**Heckerzug**“ (12. April 1848) von Konstanz ausgehend, um basisdemokratischen Umsturz herbeizuführen → **Angst des Bürgertums vor Anarchie** → Billigung der Niederschlagung durch Regiment des Deutschen Bunds und badische Truppen
- 18. Mai 1848: Zusammentreten der frei gewählten **verfassunggebenden Nationalversammlung in der Frankfurter Paulskirche** („Professorenparlament“ wegen bildungsbürgerlicher Dominanz) unter Führung des hessischen Liberalen Heinrich von Gagern → Hauptaufgaben: Überwindung der Einzelstaatlichkeit und Ausarbeitung einer Verfassung für vereinigtes Deutschland
- Wahl des österreichischen Erzherzogs Johann zum **Reichsverweser als vorübergehende Zentralgewalt**, ABER keine wirklichen Machtmittel, da Militär und Verwaltung weiterhin den Fürsten der Einzelstaaten unterstehen
- September 1848: national und sozial motivierter **Sturm radikaler Demokraten auf die Nationalversammlung**, der von Bundestruppen niedergeschlagen wird
- ab Oktober 1848: **Ausarbeitung einer Reichsverfassung** ↔ **Gegenrevolution** in Preußen und Österreich
- Ende Oktober 1848: **Volksaufstand** radikaldemokratischer Kräfte in Wien → Besetzung Wiens durch Regierungstruppen und **Hinrichtung vieler Aufständischer** → Auflösung der verfassunggebenden Versammlung in Österreich und Erlass einer vom Kaiser oktroyierten Verfassung
- November/Dezember 1848: **Entwaffnung der Berliner Bürgerwehren** durch preußische Truppen und Auflösung der preußischen Nationalversammlung → vom König oktroyierte Verfassung
- 27. Dezember 1848: Verkündung des **Grundrechtekatalogs** der Nationalversammlung
- 28. März 1849: **Wahl des preußischen Königs** Friedrich Wilhelm IV. **zum Kaiser der Deutschen** durch Nationalversammlung
- April 1849: Friedrich Wilhelm IV. **lehnt die angebotene Kaiserkrone** aus den Händen von Parlamentariern **ab** → **Scheitern der Verfassung** der Paulskirche
- Mai 1849: Rückzug des „Rumpfparlaments“ vor heranrückenden preußischen Truppen nach Stuttgart → Juni 1849: **Auflösung des „Rumpfparlaments“** durch württembergisches Militär
- Mobilisierung einer Widerstandsbewegung gegen die Konterrevolution **(„Reichsverfassungskampagne“)** → Bildung einer revolutionären Regierung in Baden und Wahl eines neuen Parlaments → Niederschlagung durch preußische Invasionsarmee
- 23. Juli 1849: endgültiges Ende der Revolution durch **Übergabe der Bundesfestung Rastatt** an die preußischen Truppen

Folgen

- **Rückkehr zur reaktionären Politik** der alten Mächte → Abwendung des Bürgertums von der Politik, stattdessen kulturelles und wirtschaftliches Engagement → **Industrialisierung**
- **Auswanderung** enttäuschter Demokraten nach Amerika
- Wiederbelebung des **Deutschen Bunds** (Dezember 1850) und Aufhebung der Grundrechte (August 1851)
- **preußisch-österreichischer Dualismus** um Vorrangstellung im Deutschen Bund
- Lösung der deutschen Frage als dringliches Problem → **Gründung des Deutschen Kaiserreichs „von oben“** 1871 unter Hintanstellung der Freiheitsfrage

Auf einen Blick

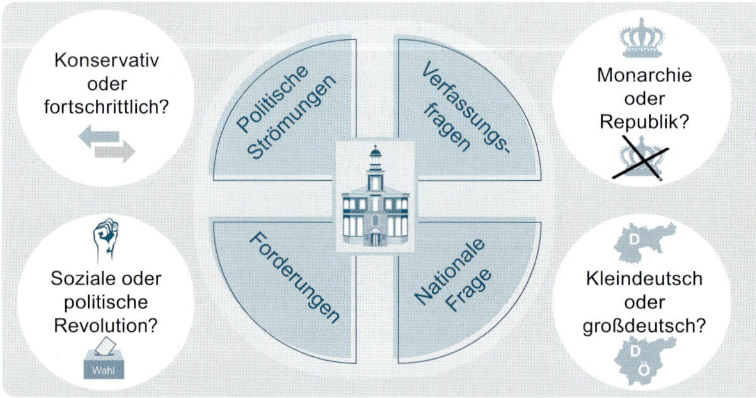

Politische Strömungen

- **Konservative:** Beibehaltung der Einzelstaaten und der Monarchie → **Zusammenarbeit mit bestehenden Regierungen** bei Reformierung des Deutschen Bunds
- **gemäßigte Liberale:** Einbindung der Bundesstaaten in die konstitutionelle Ordnung; Festhalten an **konstitutioneller Monarchie** mit der Möglichkeit politischer Partizipation bei entsprechender Bildung oder Besitz; Ablehnung der Revolution und **Streben nach Reformen durch Kompromiss** mit Fürsten
- **fortschrittliche Liberale:** Stärkung der **Rolle des Parlaments** in einem zentralistischen Staat
- **Demokraten:** Auflösung der Einzelstaaten zugunsten einer zentralistischen deutschen **Republik**; Durchsetzung von **Volkssouveränität**
- **Radikale:** Abschaffung der Monarchie, Recht auf Arbeit und **soziale Gerechtigkeit**

Soziale und politische Forderungen

Soziale Forderungen

- **Befreiung** der Bauern **von der Grundherrschaft** → „agrarsoziale Revolution“
- Aufhebung feudaler Abhängigkeiten und Herstellung **sozialer Gerechtigkeit**
- Eingriffe in das Wirtschaftsgeschehen zur **Linderung der sozialen Not**

Politische Forderungen

- Beseitigung des reaktionären, absolutistischen „Systems Metternich“ und **Aufhebung der Karlsbader Beschlüsse**
- politische **Mitbestimmung**
- Garantie der **Grundrechte**
- **Schwurgerichte** zur Mitbestimmung der Bürger bei der Rechtsprechung
- Aufbau eines **Volksheeres**, um Monarchen die alleinige militärische Gewalt zu entziehen
- **Meinungs-, Versammlungs- und Pressefreiheit**
- **Verfassungs- und Rechtsstaat** mit Volkssouveränität
- Berufung **liberaler Minister**
- gesamtdeutsche **Parlamentswahlen** nach allgemeinem Wahlrecht

Verfassungsfragen

- Hauptanliegen der liberalen Mehrheit: Diskussion über **Grundrechte** → Ziele: **Gleichheit** vor dem Gesetz, Unabhängigkeit der Justiz, Unverletzlichkeit der Wohnung, Briefgeheimnis, **Pressefreiheit, Meinungs-, Glaubens- und Gewissensfreiheit** sowie Unverletzlichkeit des Eigentums → Widerstand der bürgerlichen Mehrheit, auch soziale Rechte aufzunehmen
- Fragen nach Reichsgebiet **(kleindeutsch/großdeutsch)**, Machtverteilung **(Zentralismus/Föderalismus)**, Staatsform **(Monarchie/Republik)**, Wahlrecht **(Zensuswahlrecht/allgemeines Wahlrecht)** und Staatsoberhaupt **(Erb-/Wahlkaisertum)**
- Einigung: Deutsches Reich als föderaler Bundesstaat, der an eine Verfassung gebunden sein soll
- von der Nationalversammlung gewählter **Erb-„Kaiser der Deutschen"** an der Spitze
  - **aufschiebendes Veto** gegenüber vom Reichstag beschlossenen Gesetzen
  - **Ernennung und Entlassung der Regierung** sowie Oberbefehl über die Streitkräfte
- Reichstag mit **zwei Kammern:** von Regierungen und Landtagen bestelltes **Staatenhaus** und direkt gewähltes **Volkshaus**
  - Recht der **Gesetzgebung** und der Haushaltsbewilligung
  - **Kontrolle** der Reichsregierung, da Reichsminister Reichstag gegenüber verantwortlich sind
- unabhängiges **Reichsgericht** → Rechtsprechung weiterhin hauptsächlich bei Einzelstaaten, aber **Reichsrecht vor Landesrecht**

→ Reichsverfassung als **Kompromisslösung** zwischen zentralistischem und föderalistischem Prinzip sowie **zwischen Demokratie und Monarchie:** starke Stellung des Kaisers in der Exekutive und Vorrang von Reichsrecht ↔ Einfluss der Staaten auf Gesetzgebung und relativ hohes Gewicht des Parlaments

Nationale Frage

- Überlagerung der **deutschen Frage** (kleindeutsche oder großdeutsche Lösung) von **österreichischer Frage** (Umgang mit Vielvölkerstaat) → Konkurrenz zwischen Deutschland und Österreich um die Vormachtstellung
  - **großdeutsche Lösung:** Aufnahme der zum Deutschen Bund gehörenden Gebiete Österreichs
    → Ablehnung durch Österreich wegen **Zersplitterung des Habsburgerstaats**
    → Ablehnung durch nationale Minderheiten des Habsburgerreichs
  - **„Siebzigmillionenreich"/großösterreichische Lösung:** Aufnahme des gesamten Habsburgerreichs in künftigen deutschen Staat unter Verzicht auf Nationalparlament = **Widerspruch zum Nationalstaatsgedanken**
  - **kleindeutsche Lösung** ohne Gebiete des Habsburgerreichs unter der Führung Preußens = Entscheidung der Paulskirche
- teilweise **problematische Grenzziehungen nach Nationalitätenprinzip:**
  - Wunsch der deutsch-nationalen Opposition in **Schleswig** nach Zugehörigkeit zu deutschem Nationalstaat gegen den Willen des dänischen Königs → **Deutsch-Dänischer Krieg**, geführt von preußischen Truppen im Auftrag der Nationalversammlung, aber Preußen lenkt gegen den Willen der Nationalversammlung auf internationalen Druck hin ein → Verbleib Schleswigs bei Dänemark
  - Ablehnung der Freiheitsforderungen der polnischen Bevölkerung in der Provinz **Posen**, die in deutschen Nationalstaat integriert werden soll **(„Polendebatte")**
  - Ablehnung des Wunsches der tschechischen Bevölkerung **Böhmens**, nicht Teil eines deutschen Nationalstaats zu werden

Auf einen Blick

Scheitern der Revolution von 1848/49	bleibende Errungenschaften
Machtlosigkeit der Nationalversammlung	Reformen und Modernisierung
Zusammenarbeit mit monarchischen Regierungen	Fortbestehen des Wunsches nach Einigung
Polyzentrismus	Politisierung der Gesellschaft
Überforderung und Unerfahrenheit der Revolutionäre	Vernetzung der Arbeiterschaft
Spaltung der revolutionären Bewegung	Hervortreten der Frauen
Widerstand der europäischen Großmächte	Begründung einer neuen demokratischen Tradition: Basis für spätere Verfassungen (1919, 1949)

Ursachen des Scheiterns

- Angst des Bürgertums vor „Gespenst des Kommunismus“ durch sozialrevolutionäre Tendenzen der Revolution → steigende **Bereitschaft der gemäßigten Liberalen zur Zusammenarbeit mit monarchischen Regierungen** (liberal-konservatives Machtkartell)
- **Ohnmacht der Nationalversammlung** gegenüber alten Regierungen, z. B. als die preußische Regierung eigenmächtig den von der Nationalversammlung begonnenen Krieg um Schleswig beendet
- **Überforderung der Revolutionäre** mit der Aufgabe, zugleich **Einheit und Freiheit** zu erreichen
- **Fehlen eines zentralen Schauplatzes** der Revolution (Polyzentrismus), außerdem **keine internationale Solidarität** unter den Revolutionären
- falsche Einschätzung der machtpolitischen Verhältnisse durch **politische Unerfahrenheit der Abgeordneten:** Nachgeben der Fürsten zu schnell als Erfolg gewertet → **Stärke der gegenrevolutionären Kräfte** (v. a. Verfügung über Militär und Budget)
- Interessengegensätze bei Trägern der Revolution → **Fehlen einer einheitlichen Zielsetzung**
  - **liberale Mehrheit:** Änderungen sollen auf **Verhandlungsweg** in Zusammenarbeit mit alten Mächten erzielt werden
  - **radikale Minderheit:** Streben nach weitreichender, auch sozialer Umwälzung und **Abschaffung der Monarchie**
- **Unterschätzung der Interessen der europäischen Großmächte**, die Machtverschiebung auf dem Kontinent nicht hinnehmen wollen und z. B. Preußen in Schleswig-Holstein-Frage zum Einlenken bewegen
- **Entschärfung des Konfliktpotenzials** durch Agrarreformen und günstige Konjunktur 1848/49 → Nachlassen des revolutionären Eifers, v. a. bei den Bauern
- **fortbestehende Loyalität** vor allem von Militär und Beamten **gegenüber den Regierungen**
- geringe Akzeptanz des „**Professorenparlaments**“ bei der Bevölkerung und **Autoritätsverlust der Nationalversammlung** durch zu lang andauernde Verhandlungen

Bleibende Errungenschaften

- Abschluss von **Bauernbefreiung und Agrarreformen** in weiten Teilen Europas
- **Reformen** und Modernisierungsprozesse, z. B. Erlass von Verfassungen in den Einzelstaaten, durch Modernisierungsdruck
- verstärktes **Streben nach politischer Einigung** in Deutschland
- Erfahrungen mit Parlamentarismus
- Verstärkung des **Politisierungsprozesses**, z. B. Gründung von Vereinen und ersten Parteien
- Begründung einer **neuen demokratischen Tradition:** Katalog von unveräußerlichen Grundrechten und demokratische Ideen als **Basis für spätere Verfassungen** (Weimarer Reichsverfassung 1919 und Grundgesetz 1949)
- zunehmende **Vernetzung** und Organisation **der Arbeiterschaft**
- starke Impulse für **Industrialisierung**
- Proteste auch von Frauenseite → **Heraustreten der Frauen aus dem Hintergrund**

Parallelen und Kontraste zwischen 1849 und 1871

Parallelen

- allgemeines, gleiches und freies **Wahlrecht** für Männer in beiden Verfassungen
- Entstehung **politischer Gruppierungen** (1849) und **Parteien** (1871), um Interessen durchzusetzen
- Wunsch nach Verwirklichung einer **konstitutionellen Monarchie** in Teilen der Gesellschaft
- zum Teil **Skepsis gegenüber Demokratie und Parlamentarismus**

Kontraste

- 1849: Versuch, nationale Einheit durch eine **Volksbewegung** zu erreichen ↔ 1871: Verwirklichung der nationalen Einheit durch **Reichsgründung „von oben“** (zentrale Rolle Otto von Bismarcks)
- 1849: Gleichberechtigung des Wunsches nach **Einheit und Freiheit** ↔ 1871: Herstellung der deutschen **Einheit auf Kosten** der Verwirklichung **von Freiheitsrechten**
- 1849: Ausarbeitung einer **demokratischen Verfassung** durch die Nationalversammlung ↔ 1871: obrigkeitsstaatlicher Charakter der **von Bismarck ausgearbeiteten Verfassung**
- 1849: Versuch, die deutsche Einheit weitgehend **ohne Beteiligung ausländischer Mächte** herbeizuführen ↔ 1871: Erreichen der deutschen Einheit durch **Einigungskriege**
- 1849: **Ablehnung der Kaiserkrone** durch König Friedrich Wilhelm IV. von Preußen aus den Händen des Volks ↔ 1871: **Akzeptanz der Kaiserwürde** durch König Wilhelm I. von Preußen nach Kaiserbrief der deutschen Fürsten
- 1849: Diskussionen über Grenzen des deutschen Nationalstaats **(großdeutsche oder kleindeutsche Lösung)** ↔ 1871: **kleindeutsche Lösung** nach Deutsch-Französischem Krieg als einzig realistische Möglichkeit

Auf einen Blick

Polen im revolutionären Europa (1793/95 – 1815)

- 1792: Vorgehen Russlands gegen geplante polnische Reformen (Mai-Verfassung) → Teilung Polens mit Gebietsgewinnen für Russland und Preußen **(Zweite Polnische Teilung)** → 1794: polnischer Aufstand, der von preußischen und russischen Truppen niedergeschlagen wird
- 1795: **Ende der polnischen Staatlichkeit** mit Dritter Teilung **(Nation ohne Staat)** → viele Polen setzen Hoffnungen in revolutionäres Frankreich → polnische Legion aufseiten Napoleons
- 1807: Niederlage Preußens im vierten Koalitionskrieg → Napoleon bildet das **Herzogtum Warschau** aus Gebietsgewinnen Preußens (bei Zweiter Teilung) und Österreichs (bei Dritter Teilung) → Einführung des Code Napoléon und Beteiligung Warschaus an Napoleons Russlandfeldzug
- **Wiener Kongress** 1814/15: unterschiedliche Ansprüche der Großmächte → Polen wird nicht als souveräner Nationalstaat wiederhergestellt (Vierte Teilung): Staatsgebiet bleibt zerstückelt
  → Herzogtum Warschau als Königreich Polen unter russischer Herrschaft **(Kongresspolen)**
  → Bildung des preußischen „**Großherzogtums Posen**“
  → **Krakau als „Freie Stadt“** unter Aufsicht aller Teilungsmächte
  → Österreich behält Erwerbungen aus Erster Teilung von 1772 **(Galizien)**

Polen zwischen Integration und Widerstand (1815 – 1864)

- Erlaubnis des Zaren zur **weitgehenden Selbstverwaltung Polens:** Integration der Bevölkerung mithilfe von Schutzmaßnahmen für polnische Sprache und Kultur, aber immer wieder Kritik an russischer Obrigkeit wegen Abweichungen von liberalen Grundsätzen der Verfassung
- November 1830: bewaffneter **Aufstand** einer Gruppe junger Offiziersanwärter in Warschau → massive militärische Auseinandersetzungen, aus denen 1831 **Russland als Sieger** hervorgeht → **verstärkte Repressalien** durch russische und preußische Obrigkeit
- massive Russifizierung und Schwächung des polnischsprachigen Bildungssystems → Hôtel Lambert in Paris als Zentrum der **polnischen Exilpolitik:** Pflege der polnischen Kultur und Unterstützung der polnischen Nationalbewegung durch ausgewanderte Polen
- ab 1830: **Polenbegeisterung** bei Anhängern der nationalliberalen Bewegung in Deutschland → Teilnahme zahlreicher Polen am **Hambacher Fest** 1832

- 1846: **Scheitern eines Aufstands in Galizien** am Widerstand der Bauern, die von österreichischen Behörden ermuntert werden, sich aufbegehrenden Gutsherren entgegenzustellen
- **Posener Plan** 1846: Plan polnischer Nationalisten zu gesamtpolnischer Erhebung, der verraten wird → Verhaftung sämtlicher Verschwörer
- **Krakauer Aufstand** 1846 → Besetzung der Stadt durch österreichische Truppen
- Revolution von 1848/49: polnischer **Aufstand in Posen** → „**Polendebatte**" in der Frankfurter Paulskirche, deren Abgeordnete aber nicht bereit sind, zugunsten der polnischen Nationalbewegung auf Gebiete zu verzichten → **Niederschlagung des Aufstands** durch preußisches Militär
- 1855/56: Machtübernahme von Zar Alexander II. und russische Niederlage im Krimkrieg → Interesse des Zaren an enger polnisch-russischer Zusammenarbeit → **Öffnung von Staatsämtern für Polen**, wodurch Nationalisten Einfluss auf polnische Politik nehmen können
- verstärktes Engagement junger Polen in konspirativen Zirkeln → Radikalisierung der Protestbewegung: **Januaraufstand** 1863 → Gründe für **Niederschlagung** im April 1864: fehlende Unterstützung aus anderen Staaten, unterschiedliche Ziele der Akteure, Fehlen einer schlagkräftigen militärischen Führung sowie vergebliche Versuche, Bauern zu mobilisieren
  → brutale **russische Vergeltungsmaßnahmen**, auch gegen unbeteiligte Bauern
  → breiter Rückhalt für nationale Bewegung in gesamtpolnischer Bevölkerung
- Ziel der russischen Regierung: vollständige **Verschmelzung der Gebiete Kongresspolens** (umbenannt in „Weichselland") **mit dem Zarenreich**

Polen und die moderne Nation (1864–1918)

- gescheiterte Aufstände → Ausbreitung des Prinzips der „**organischen Arbeit**" = Bestreben, eigene Fähigkeiten in Wirtschaft, Bildung und Kultur zu entwickeln, um Russifizierung oder Germanisierung zu entgehen → **Nationalkampf auf kultureller Ebene:** Entstehen von patriotischen Gemälden, Literatur, Mythen und Liedern
- Gründung des deutschen Kaiserreichs 1871 → verstärkte **Germanisierungspolitik in preußischen Ostprovinzen**, um Zusammenhalt des neu gegründeten Reichs nicht zu gefährden → zunehmende Spannungen zwischen den Nationalitäten
- Organisation von Polen in **Parteien:**
  - **Polnische Sozialistische Partei** (1892): Streben nach sozialer Revolution; Parole „Durch Unabhängigkeit zum Sozialismus"
  - **Sozialdemokratie des Königreichs Polen** (1893): Abkehr von nationalpolitischer Ausrichtung; Wunsch nach Zusammenarbeit mit russischen Sozialisten
  - **Liga Narodowa** (Nationale Liga, 1893): nationalistisch, antisemitisch und panslawistisch ausgerichtet; Ziel: polnische Autonomie unter russischer Herrschaft
  - **Allgemeiner Jüdischer Arbeiterbund** (1897): Konzentration auf jüdische Arbeiter, aber Zusammenarbeit mit anderen sozialistischen Gruppen
  - **Volkspartei** (1897): wichtigste politische Kraft auf dem Land
  - **Nationaldemokratische Partei** (1897): antisozialistisch, konservativ, antideutsch
- 1890: Zerfall der „Heiligen Allianz" wegen **außenpolitischer Gegensätze zwischen Teilungsmächten** (Deutsches Reich und Österreich-Ungarn vs. Russland) → Aufkommen von **Plänen zur Wiederbegründung eines polnischen Staats**
- 1904/05: russische Niederlage im Russisch-Japanischen Krieg → **Streiks und Demonstrationen** → **Zugeständnisse des Zaren** an polnische Minderheit
- 1914: bei Ausbruch des Ersten Weltkriegs Rückkehr der Idee der polnischen Eigenstaatlichkeit in internationale Debatte → 1918: Wiedergewinn der **polnischen Unabhängigkeit**

Auf einen Blick

Graf von Cavour

Die deutsche und die italienische Einigung im Vergleich

GEMEINSAMKEITEN

- Entstehung eines Nationalgefühls durch (napoleonische) Fremdherrschaft
- gescheiterte Versuche einer nationalen Einigung „von unten“
- zentrale Rolle eines Einzelstaats (Preußen bzw. Sardinien-Piemont) bei Reichseinigung „von oben“
- Realpolitiker Bismarck und Cavour als „Reichsgründer“
- Reichseinigung v. a. durch Kriege
- schwierige innere Nationsbildung aufgrund historisch gewachsener regionaler Identitäten

UNTERSCHIEDE

- **Italien:** viele Staaten von ausländischen Mächten beherrscht ◄► **Deutschland:** größtenteils einheimische Herrscher
- **Cavour:** Zusammenarbeit mit Liberalen aus Überzeugung ◄► **Bismarck:** Zusammenarbeit mit Liberalen nur Mittel zum Zweck
- **Italien:** Reichseinigung nur mithilfe ausländischer Mächte ◄► **Deutschland:** Reichseinigung aus eigener Kraft
- **Italien:** größere Beteiligung des Volks (z. B. „Zug der Tausend“) ◄► **Deutschland:** keine direkte Volksbeteiligung
- **vereinigtes Italien:** Zentralismus ◄► **Deutsches Reich:** Föderalismus

Italien nach dem Wiener Kongress (1814/15 – 1848/49)

- **Wiener Kongress** 1814/15: erneute **Aufteilung Italiens** in verschiedene Einzelstaaten → Königreich Sardinien-Piemont, Königreich Neapel-Sizilien = ab 1816 Königreich beider Sizilien, Kirchenstaat mit Rom, Königreich Lombardo-Venetien unter österreichischer Herrschaft, Herzogtümer Toskana, Parma und Modena, die von habsburgischen Nebenlinien regiert werden
- bereits während napoleonischer Herrschaft erwachtes Nationalgefühl mündet in politisch-soziale, heterogene **Bewegung des Risorgimento** (Wiederauferstehung) = zunehmendes Streben nach Bildung eines unabhängigen **italienischen Nationalstaats**
- in einzelnen Staaten **reaktionäre Innenpolitik** und Benachteiligung vorher aufgestiegener Eliten → **Widerstand** auf einzelstaatlicher Ebene gegen nachnapoleonische Ordnung v. a. **aus verfassungspolitischen Gründen**, z. B. Wirken von Geheimbünden (u. a. „Carbonari“), neapolitanische Revolution von 1820/21, piemontesischer Umsturzversuch 1821, Aufstände 1831
- **Niederschlagung** der Erhebungen **durch militärische Intervention Österreichs**, das seine Machtposition in Italien und Europa wahren will → Entzündung des italienischen Nationalismus an hartem Vorgehen Österreichs
- 1831: Gründung des **Geheimbunds „Junges Italien“** („Giovine Italia“) unter Führung **Giuseppe Mazzinis** zur **Einigung des Landes im demokratisch-republikanischen Sinn** („von unten“) als freies Italien in einem „Europa der Völker“ (nationaldemokratische Nationalbewegung)
- ab 1833: Organisation mehrerer **Aufstände durch „Junges Italien“**, die alle scheitern, ABER: zunehmende Diskussion in gebildeten Schichten über Schaffung und Struktur eines zukünftigen geeinten Italiens
- 1840er-Jahre: zunehmende Auflockerung der repressiven Situation in einigen Staaten → Zulauf zu **gemäßigt-liberalen Nationalideen** (nationalliberale Nationalbewegung), die in Konkurrenz zu radikalem Nationaldemokratismus steht und **Einigung durch Königreich Sardinien-Piemont** unter König Karl Albert anstrebt
- 1848/49: **revolutionäre Aufstände** in mehreren Gebieten, an deren Spitze sich König Karl Albert aus Eigeninteresse setzt → Kriegserklärung an Österreich: **Erster Italienischer Unabhängigkeitskrieg**

- **Wiederherstellung der vorrevolutionären Zustände nach Sieg Österreichs** bei Custoza (Juli 1848) und Novara (März 1849), ABER: noch bis Juli 1849 **Verteidigung der** im Februar proklamierten **Römischen Republik durch Demokraten** wie Mazzini und **Giuseppe Garibaldi** (charismatischer Freiheitskämpfer) → Nationaldemokraten als Helden der Revolution ↔ **Schwächung der Monarchie** (künftig auf **Zusammenarbeit mit Liberalen** angewiesen)

Auf dem Weg zur nationalen Einheit (1849–1861)

- ab 1849: Phase der **Reaktion** (Aufhebung von Verfassungen; Terror und Repression) mit Österreich als Garant der bestehenden Ordnung → **weitere Nationalisierung der oppositionellen Kräfte:** Wunsch nach Beseitigung der Fremdherrschaft
- 1850er-Jahre: **Sardinien-Piemont** unter König Viktor Emanuel II. (Sohn Karl Alberts) **als Bezugspunkt der nationalen Hoffnungen**, die nun zunehmend massenwirksam werden
- ab 1852: **Ministerpräsidentschaft Cavours**, der für Parlamentarisierung eintritt und für nationale **Einigung unter piemontesischem Königtum** wirbt → Erfolg auch bei zahlreichen Nationaldemokraten (Priorität der nationalen Befreiung vor Durchsetzung demokratischer Ziele)
  - **liberale Reformen** und liberale Wirtschaftspolitik mit Verbesserung der Infrastruktur und Förderung der **Industrialisierung** (Eisenbahnbau)
  - Aushandlung eines **Bündnisses mit Frankreich** und Provokation eines Kriegs mit Österreich **(Zweiter Italienischer Unabhängigkeitskrieg)** 1859: italienische Siege von Magenta und Solferino → Annexion der **Lombardei** und Anschluss von Toskana, Modena, Parma und Teilen des Kirchenstaats nach Volksentscheiden, ABER: keine vollständige italienische Einigung
- 1860: **Eroberung des bourbonischen Königreichs beider Sizilien** durch Freiwilligenverbände Garibaldis **(„Zug der Tausend")** in Konkurrenz zu Cavour → Beitritt Süditaliens und weiterer Teile des Kirchenstaats nach Volksabstimmungen zu Königreich Piemont (Cavour sichert Unterstützung Napoleons III.) → Verzicht Garibaldis auf Herrschaft
- Frühjahr 1861: **Proklamation des Königreichs Italien** unter König Viktor Emanuel II. als zentralistischen Einheitsstaat auf Grundlage der bereits existierenden piemontesischen Verfassung, ABER: noch ohne Venetien und restlichen Kirchenstaat (Rom und Umgebung)

Die Anfänge des italienischen Nationalstaats (1861–1876)

- 1862/1867: gescheiterte **Versuche Garibaldis**, Kirchenstaat und **Rom für Italien zu gewinnen**
- 1860–1870: „**Kolonialkrieg**" des jungen Nationalstaats **gegen verelendete ländliche Unterschicht im Süden** mit fast 130 000 Toten
- 1866: **preußischer Sieg** bei Königgrätz **im Deutschen Krieg** → Italien erhält als Verbündeter Preußens trotz eigener Niederlagen **Venetien** von Österreich
- 1870: Deutsch-Französischer Krieg → **Abzug der französischen Truppen** (Beschützer der Souveränität des Papstes) aus Rom → Italien erobert **restlichen Kirchenstaat mit Rom**
- **schwierige innere Nationswerdung** aufgrund problematischer Integration kulturell verschiedener Bevölkerungsteile und bäuerlicher, proletarischer und kleinbürgerlicher Schichten → Italien zunächst vor allem repräsentiert durch kleine Schicht von Besitzenden und Gebildeten
- beinahe völlig **ruinierte Staatsfinanzen** infolge hoher Kriegskosten und großer Investitionen → kräftige **Steuererhöhungen**, um Haushaltsdefizit auszugleichen → Wellen **sozialen Protests** und lokaler Aufstände
- zu geringe Investitionen in Bildungswesen → hohe Quote von **Analphabeten** → erst um 1900 Vorstoß Italiens zu Industrienationen und bis heute bestehendes **Nord-Süd-Gefälle**

Auf einen Blick

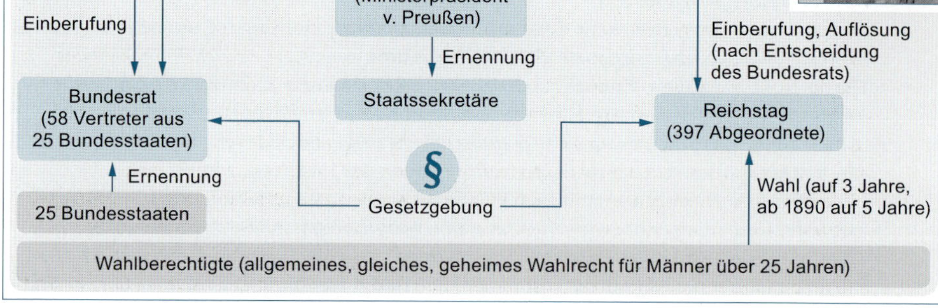

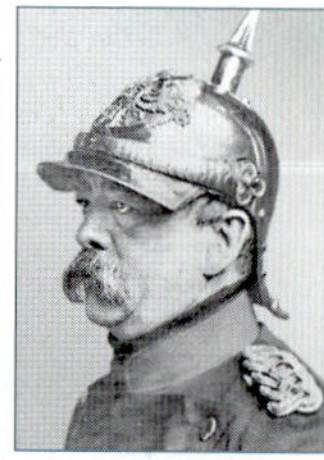

Entstehung des Kaiserreichs

- **Ausgangslage:**
  - Phase der **Reaktion:** scharfe Unterdrückung der Opposition durch Obrigkeitsstaaten seit der gescheiterten Revolution von 1848/49 und **Wiederherstellung des Deutschen Bunds**
  - **preußisch-österreichischer Dualismus:** preußische Unionspolitik mit kleindeutscher Lösung als Ziel ↔ Streben Österreichs nach großdeutscher Lösung
  - **wirtschaftliche Integration:** Gründung des **Deutschen Zollvereins** 1834 unter preußischer Führung → Entstehung eines einheitlichen Wirtschaftsraums (ohne Österreich) als Vorläufer der politischen Einheit
  - Hoffnung der national-liberalen Bewegung auf Schaffung eines deutschen Nationalstaats unter Führung Preußens → Zusammenarbeit des größten Teils der Liberalen mit preußischem Ministerpräsidenten Otto von Bismarck: **Primat der Einheit vor der Freiheit**
  - Bismarcks **„Blut und Eisen“-Rede** 1862: Ankündigung, die nationale Einheit unter Vorherrschaft Preußens mit militärischen Mitteln herzustellen
- **Deutsch-Dänischer Krieg** 1864: gemeinsames preußisch-österreichisches Vorgehen gegen Dänemark, um Zugehörigkeit Schleswigs und Holsteins zum Deutschen Bund zu sichern → nach Sieg: Aufteilung der Verwaltung der Herzogtümer Schleswig (Preußen) und Holstein (Österreich)
- **Deutsch-Deutscher Krieg** 1866: Krieg zwischen Preußen und Österreich (mit jeweiligen Verbündeten) um Vorherrschaft in Deutschland → Sieg Preußens und Gründung des Norddeutschen Bunds 1867, an den süddeutsche Staaten über Militärbündnisse angeschlossen sind → endgültiger **Verzicht auf großdeutsche Lösung**
- **Deutsch-Französischer Krieg** 1870/71: Bismarck betreibt die Eskalation eines machtpolitischen Konflikts zwischen Preußen und Frankreich („Emser Depesche“) → Ausweitung zu deutschem Nationalkrieg → 18. Januar 1871: **Gründung des deutschen Kaiserreichs** als autoritären Macht-, Obrigkeits- und Militärstaat unter Führung Preußens ohne Beteiligung des Volks (**Nationalstaatsgründung „von oben“**)

Verfassung

- Kaiserreich als **Bundesstaat:** Zusammensetzung aus 26 Einzelstaaten, die historisch, geografisch, wirtschaftlich und konfessionell keine Einheit bilden → **Föderalismus**
- Deutsches Reich als **konstitutionelle Monarchie** mit Kaiser als politische und militärische Spitze
- 16. April 1871: Verabschiedung der **Reichsverfassung** (Modifikation der Verfassung des Norddeutschen Bundes) durch den Reichstag
- vier **Verfassungsorgane:**
  - von Preußen dominierter **Bundesrat**, der mit Zustimmung des Kaisers **Reichstag auflösen** kann und **Gesetzesanträgen** des Reichstags **zustimmen** muss ↔ kaum Verwirklichung seiner starken Stellung, sondern durch Kaiser und Reichskanzler in den Hintergrund gedrängt
  - **Kaiser** mit stärkster Stellung im Reich: **deutscher Kaiser und preußischer König** in Personalunion, der (mit Zustimmung des Bundesrats) über Krieg und Frieden entscheiden sowie **Reichstag auflösen** und Neuwahlen anordnen kann, um Gesetze durchzusetzen
  - vom Kaiser bestimmter **Reichskanzler**, der Reichsregierung (Exekutive) ernennt und gegenüber dem Reichstag nicht verpflichtet ist: **keine Möglichkeit zu Misstrauensvotum**
  - **Reichstag** als Legislative mit **schwacher Stellung** gegenüber Kaiser: **Gesetzesinitiative** (aber Bundesrat muss Gesetzen zustimmen) und **Budgetrecht** (aber Einschränkung hinsichtlich des Militäretats)

  → Balanceakt zwischen starker Monarchie und parlamentarischer Demokratie: überwiegend Berücksichtigung des monarchischen Prinzips → weiterhin erhebliche **Macht der konservativen Kräfte und Preußens**

  ABER: **fortschrittliches Wahlrecht** für Männer ab 25 Jahren (allgemein, gleich, direkt und geheim) für den Reichstag → Mobilisierung einer breiten Öffentlichkeit und Entstehung einer politischen Diskussionskultur, z. B. durch Petitionen

Industrielle und gesellschaftliche Entwicklung

- **Technisierung und Mechanisierung** der Produktion → Beschleunigung des Übergangs Deutschlands von einer Agrargesellschaft zum **Industriestaat** sowie Verbesserung der Stellung unter Industrienationen → Kaiserreich als führender Technologieexporteur
- rasant wachsende Industrie mit **neuen Leitsektoren** (chemische Industrie, Elektroindustrie, Maschinenbau, optische Industrie) → zunehmende Globalisierung des Handels und Entstehung des **Bankenwesens** → neue **Entfaltungsmöglichkeiten für aufstrebendes Bürgertum**
- **Verwissenschaftlichung der Ausbildung**, um konkurrenzfähig zu bleiben: Einführung der allgemeinen Schulpflicht sowie Ausbau der Universitäten und Technischen Hochschulen → **Aufstiegschancen für Bürgertum**, auch wenn Bildungschancen ungleich verteilt bleiben
- **Verbesserung der medizinischen Versorgung** als eine Folge des industriellen Fortschritts → sinkende Sterblichkeitsrate und steigende Geburtenrate → **Verjüngung der** deutschen **Bevölkerung** → Entstehung einer Jugendbewegung
- Wanderbewegungen vom Land in die Stadt → **Urbanisierung:** Ausbildung einer **Massenkonsumgesellschaft** in wachsenden städtischen Zentren ↔ Entstehung alternativer Lebensentwürfe: **Flucht vor Hektik der Großstädte** (Motto: „Zurück zur Natur")
- in Kleinstädten und auf dem Land **teilweise Festhalten an traditionell-konservativen Lebensentwürfen** → Abwehrhaltung gegenüber der Moderne und Verstärkung irrationaler politischer Denkweisen, z. B. von Antisemitismus

Auf einen Blick

Einteilung der Parteien in

„staatstragende Parteien“		**„Reichsfeinde“**
• Nationalliberale (Nationalliberale Partei) • Linksliberale (Deutsche Fortschritts-partei)	liberale Ära 1871–1878/79	Zentrum → „Kulturkampf“
	„konservative Wende“ 1878/79	
• Konservative (Deutschkonservative Partei) • Zentrum	konservative Ära 1878/79–1890	Sozialdemokratie → Sozialistengesetz → Sozialgesetzgebung

Bismarck und die Parteien

- Bismarck: nur notgedrungenes **Sich-Arrangieren mit Parteien** → **wechselnde Bündnisse** mit einzelnen Parteien („Schaukelpolitik“), um sich Mehrheiten im Reichstag zu verschaffen: Einteilung in **„staatstragende Parteien“** und **„Reichsfeinde“**
  – 1871–1878/78: **liberale Ära**
  – 1878/79: „konservative Wende“ → 1878/79–1890: **konservative Ära**
- **Konservative** (Freikonservative 1867, Deutschkonservative 1876): zunächst **Frontstellung gegen Bismarcks** Bündnis mit nationaler und liberaler Bewegung, ab 1876 **Aussöhnung mit Bismarck** und Unterstützung seiner Politik, aber Kritik an jeglichen Zugeständnissen an Liberale
- **Katholiken** (Zentrum 1870): Vertretung des **politischen Katholizismus** → Abwehr des protestantischen Übergewichts, antiliberal, antipreußisch und teilweise partikularistisch → 1871–1878: **„Kulturkampf“**, dann Annäherung wegen Konfrontation Bismarcks mit Nationalliberalen
- **Liberale** (Nationalliberale 1867): protestantisches Bildungsbürgertum und industrielles Großbürgertum, die für **preußische Hegemonie** und Reichseinheit (auch auf Kosten von Freiheitsrechten) eintreten → 1871–1878: **Zusammenarbeit mit Bismarck** im Kampf gegen Zentrum
- **Demokraten/Linksliberale** (Deutsche Fortschrittspartei 1861, Deutsche Volkspartei 1868, Deutsche Freisinnige Partei 1884): v. a. Freiberufler und Handwerker, **wechselnde Verbindungen**, teilweise Vorbehalte gegenüber dem Reich, Wunsch nach stärkerer **Parlamentarisierung**
- **Sozialisten** (Sozialistische Arbeiterpartei 1875, ab 1890 Sozialdemokratische Partei Deutschlands): Vertretung der **Arbeiterschaft**, Streben nach **Verwirklichung demokratischer und sozialistischer Grundsätze** → 1878–1890: Sozialdemokratie als **„Reichsfeind Nr. 1“**

Ausgrenzung von „Reichsfeinden“

„Kulturkampf“ (1871–1887)

= Vorgehen Bismarcks (im Bündnis mit den Liberalen) **gegen katholische Kirche und ihre politische Vertretung** (Zentrum)

- **Gründe Bismarcks:** Vermutung einer reichsfeindlichen Haltung bei Zentrumspartei, auch wegen deren Verbindung zum Papst im Vatikan sowie zu Elsässern, preußischen Polen und katholischen Nachbarn Österreich und Frankreich → **Zurückdrängung des geistlichen Einflusses** im Staat
- **Gründe der Liberalen:** Rückwärtsgewandtheit der katholischen Kirche und Zentrumspartei als Sachwalter des Papstes sowie als **Symbol für Gegenaufklärung**
- ausgewählte **Maßnahmen: „Kanzelparagraph"** (Verbot für Geistliche, sich während der Ausübung ihres Berufs zu politischen Themen zu äußern), Schulaufsichtsgesetz, **„Jesuitengesetz"** (Verbot des papsttreuen Jesuitenordens), Einführung der **Zivilehe**, „Brotkorbgesetz" (Entzug staatlicher Zuwendungen)

→ ABER **Scheitern der Maßnahmen** trotz massiver Verhaftungswellen gegen Priester und Bischöfe: Vertiefung der Spaltung der Gesellschaft und Verstärkung des Zusammengehörigkeitsgefühls der Katholiken → **Wahlerfolge des Zentrums** (1881 stärkste Partei im Reichstag)

→ **Beilegung des „Kulturkampfs"** 1879/80 in Form eines Kompromisses: Milderung der Kirchengesetze, aber Beibehaltung von „Kanzelparagraph" (bis 1953), Zivilehe, staatlicher Schulaufsicht und „Jesuitengesetz"

Doppelstrategie gegen Sozialdemokratie (1878–1890)

- Mai/Juni 1878: zwei **Attentate** (mit denen Sozialistische Arbeiterpartei nichts zu tun hat) **auf Kaiser** Wilhelm I., die Bismarck zum Anlass nimmt, gegen Sozialdemokratie vorzugehen
- **Sozialistengesetz** (befristet, aber bis 1890 immer wieder verlängert) zur **Bekämpfung des politischen Arms der Arbeiterbewegung:** Verbot sozialistischer Parteien, Vereinigungen, Versammlungen und Druckschriften, ABER: aktive und passive Teilnahme an Wahlen weiterhin möglich
- Verbesserung der Lage der Arbeiter mithilfe der staatlichen **Sozialgesetzgebung**, um Arbeiterschaft mit Staat zu versöhnen und von politischen Forderungen abzubringen: **Krankenversicherung** (1883), **Unfallversicherung** (1884), **Alters- und Invaliditätsversicherung** (1889)

→ ABER **Scheitern der Maßnahmen** trotz Vorbildcharakter der Sozialpolitik: statt Schwächung **Stärkung** (und Radikalisierung) **der Sozialdemokratie**, die bei Reichstagswahl 1890 die meisten Stimmen erhält

Germanisierungspolitik

- **Ausgrenzung** der im Kaiserreich lebenden **nationalen Minderheiten** (Polen, Dänen, Elsässer und Lothringer), die als Problem bei Herausbildung einer deutschen Identität gesehen werden
- **Sprachpolitik:** Deutsch als Schul-, Geschäfts- und Amtssprache, um **Minderheitensprachen** aus öffentlichem Leben zu **verdrängen** und -identitäten zu unterdrücken
- Ausbreitung eines aggressiven Nationalismus → Verschärfung der Nationalitätenproblematik durch **fehlenden Minderheitenschutz** in der Verfassung
- **Forderung** an gesellschaftliche und nationale Minderheiten (z. B. Juden, Dänen oder Polen) zur **Assimilation** (Anpassung) und **Akkulturation** (Übernahme der Kultur)

→ ABER **Scheitern der Germanisierungspolitik**, da keine größere Identifikation der nationalen Minderheiten mit Deutschem Reich, stattdessen verstärkte **Ausbildung einer eigenen Identität** als Reaktion auf „Germanisierungsdruck"

Auf einen Blick

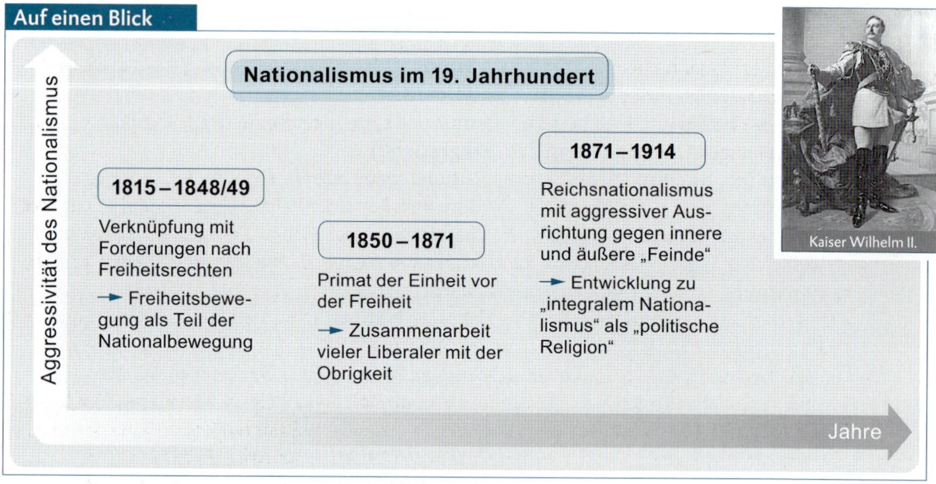

Kaiser Wilhelm II.

Entstehung der modernen Klassengesellschaft

Klassengesellschaft = **scharfe Abstufung der wilhelminischen Gesellschaft** nach Vermögen, Prestige und ökonomischem Profil

- **Adel** als mächtigste Klasse im Reich und **Stütze des Obrigkeitsstaats:** Besetzung von **Schlüsselpositionen** in Bürokratie, Diplomatie und Armee; Befürwortung einer konservativen **Schutzzollpolitik**, um Großagrargüter vor ausländischer Konkurrenz zu schützen
- **Wirtschaftsbürgertum** (Industrielle, Bankiers, Kaufleute, Gutsbesitzer): Statusgewinn aufgrund der **Bedeutung für wirtschaftlichen Aufstieg** Deutschlands; am Adel orientierter Lebensstil, aber Einsatz für staatlichen **Freihandel** zur Förderung des Exports
- **Bildungsbürgertum** (Ärzte, Rechtsanwälte, Lehrer): Zuwachs wegen steigenden Bedarfs an **akademisch qualifizierten Führungskräften** → teilweise Erlangung einflussreicher Positionen; Affinität zu Ideologien wie Nationalismus und Militarismus
- **Alter Mittelstand** (Handwerker, Händler, Bauern): oft **ökonomisch prekäre Lage**, aber Stabilisierung durch staatliche „Mittelstandspolitik“
- **Neuer Mittelstand** (Angestellte, niedere Beamte): starke Zunahme aufgrund von **Ausdifferenzierung der Berufe**; Orientierung an Modell der Bürgerlichkeit → Abgrenzung von Arbeiterschaft
- **Arbeiterschaft:** starke Zunahme im Zuge der Verstädterung und Industrialisierung, oft prekäre Lebensverhältnisse, Ausbildung eines **typischen Sozialmilieus** und eines ausgeprägten **Klassenbewusstseins** → zunehmende Bereitschaft zu **kollektiver Interessenwahrnehmung** in Gewerkschaften und sozialistischen Parteien: Forderung nach politischem Mitspracherecht

→ politische **Mobilisierung breiter Volksschichten** durch steigende Mitgliederzahlen bei politischen und sozialen **Verbänden** sowie **Interessengruppen**, z. B. Freie Gewerkschaften als kämpferische Arbeitnehmerorganisationen oder „Bund der Landwirte“ mit erheblichem Einfluss

Nationalismus, Militarismus und Antisemitismus

- Nutzung des früher freiheitlichen **Nationalismus als Integrationsideologie** durch Eliten des Kaiserreichs → Nationalismus als staatskonforme Kraft
- Entstehung eines neuen **Reichsnationalismus** und systematische Ausgrenzungspolitik gegenüber missliebigen Gruppen **(„negative Integration"):**
  - **nach außen:** machtstaatliche, hegemoniale und später auch rassistische Ausrichtung
  - **nach innen:** Ablehnung derjenigen, die Bismarcks Form der Reichsgründung und seiner Politik widersprechen → Bezeichnung als **„Reichsfeinde"** → schwierige „innere Reichsgründung"
- ab 1878/79: Übergang des Reichsnationalismus zu rechter Ideologie (antiliberal, antisemitisch, expansionistisch) → **„integraler Nationalismus":**
  - Unterordnung des Einzelnen unter die Nation → **Nationalismus als „politische Religion": Untertanenmentalität**, Wunsch nach Veränderung = Verrat („vaterlandslose Gesellen")
  - „Volk" (nicht Staat) als entscheidende Bezugsgröße → **„völkischer" Nationalismus**
  - Aufkommen des **Chauvinismus:** absolute Vorrangstellung der eigenen Nation → Forderung nach rücksichtsloser Durchsetzung nationaler Interessen → Entstehung politischer Vereine zur **Propagierung nationalistischer Ideen**, z. B. „Alldeutscher Verband" (1891)
  - preußisch-deutscher **Militarismus** als bestimmender Faktor: Hochschätzung alles Militärischen (Paraden, Uniformen, Armee als „Schule der Nation"), Beeinflussung des Alltags durch soldatische Wertvorstellungen und Leitbilder (Disziplin, Befehlston, hierarchisches Denken, Krieg als Mittel der Konfliktlösung), hohes Sozialprestige des Offizierskorps („Staat im Staat")
  - Verbreitung eines **politischen Antisemitismus** mit zunehmend **rassistischen Zügen:** Juden als Sündenböcke bei Konjunktureinbrüchen, Entstehung antijüdischer Parteien (**Forderungen nach Rücknahme der Judenemanzipation**, vereinzelt sogar nach Vertreibung oder Vernichtung der Juden), z. B. „Christlichsoziale Partei" von Adolf Stoecker

These vom deutschen „Sonderweg" (Hans-Ulrich Wehler)

- **Geschichtswissenschaft bis 1960er-Jahre:** Kaiserreich als Höhepunkt der deutschen Nationalgeschichte, Erster Weltkrieg als Versagen Kaiser Wilhelms II., Erklärung des **Nationalsozialismus** durch Dämonisierung Hitlers bzw. **als „Betriebsunfall"** der deutschen Geschichte
- **Paradigmenwechsel** in 1970er-Jahren durch **These vom deutschen „Sonderweg":** obrigkeitsstaatlicher, militaristischer Charakter des Kaiserreichs mit Fürsten- und Adelsherrschaft als Widerspruch zu einer sich rapide industrialisierenden und modernisierenden Gesellschaft
  - **„alte Eliten"** hätten Entwicklung einer bürgerlich-demokratischen Gesellschaft und **politische Parlamentarisierung** (die analog zu ökonomischer Modernisierung hätte stattfinden müssen) **behindert**
  - **Modernisierungsdefizit** als strukturelle Ursache für Aufstieg des Nationalsozialismus
- **Kritik** an These vom deutschen „Sonderweg" und Gegenentwürfe:
  - **Warnung vor** Entkopplung der deutschen von der europäischen Geschichte sowie vor **verkürzter Sicht auf 1933**
  - **Vielfalt von Kontinuitäten und Diskontinuitäten:** Kaiserreich nicht nur Vorgeschichte des Nationalsozialismus, sondern auch von Weimar und der Nachkriegszeit
  - zu starke Ausrichtung an idealer Modernisierungsentwicklung durch **implizite Konstruktion eines westlichen „Normalwegs"** für Frankreich und Großbritannien
  - Sonderwegsthese spricht Weimarer Republik jegliches demokratische Entwicklungspotenzial ab und betrachtet **Scheitern als vorprogrammiert**

Auf einen Blick

Der Erste Weltkrieg

Ursachen
imperialistische Weltmachtpolitik

Anlass
Attentat auf österreichischen Thronfolger und seine Frau in Sarajevo (28.6.1914)

→ **Kriegsausbruch**
Kriegserklärung Österreich-Ungarns an Serbien (28.7.1914)

→ **Kriegsverlauf**
- Stellungskrieg und „Materialschlachten“
- „Abnutzungsschlachten“
- Seekrieg
- 1917: Kriegseintritt der USA

→ **Kriegsende**
Versailler Vertrag (28.6.1919)
↑
Okt./Nov. 1918: deutsche Niederlage
↓
Sturz der alten Monarchien

Bismarcks Außenpolitik

- **Ausgangslage:** Aufstieg des Deutschen Reichs zur stärksten Macht in Mitteleuropa nach Gründung des Kaiserreichs 1871 → Misstrauen der anderen europäischen Großmächte
- Festhalten Bismarcks am **Status quo:** Deutschland territorial **„saturiert“**
- Hauptziel: **Isolierung Frankreichs**, um Revanche und Gefahr eines Zweifrontenkriegs auszuschließen → **Dreikaiserabkommen** von 1873 mit Österreich-Ungarn und Russland
- **„Kissinger Diktat“** von 1877: Einbindung des Kaiserreichs in Bündnisse mit anderen Mächten, deren Beziehungen untereinander angespannt sein sollen, um gegen Kaiserreich gerichtete Koalition zu verhindern → Auftreten Bismarcks als „ehrlicher Makler“ auf **Berliner Kongress** 1878
- 1879: Abschluss des **Zweibunds** mit Österreich → 1882: Erweiterung mit Italien zum **Dreibund**
- 1881–1887: **Drei-Kaiser-Vertrag** mit Russland und Österreich-Ungarn → ab 1887: Verschlechterung des deutsch-russischen Verhältnisses → Hinwendung Russlands zu Frankreich
- 1887: **Rückversicherungsvertrag** mit Russland → **„ganz geheimes Zusatzprotokoll“:** Neutralität bei Inbesitznahme der Meerengen durch Russland (↔ Balkaninteressen Österreichs)
- 1887: Förderung der **Mittelmeer-Entente** zwischen Großbritannien, Österreich-Ungarn und Italien zur Aufrechterhaltung des Status quo im Mittelmeerraum (↔ Zusatzprotokoll des Rückversicherungsvertrags)

Außenpolitik Wilhelms II.

- 1890: **Rücktritt Bismarcks** wegen Unstimmigkeiten mit Kaiser Wilhelm II. → „persönliches Regiment“ Wilhelms II. und **„Neuer Kurs“** in der Außenpolitik: **„Politik der freien Hand“** (keine festen Bündnisse) → Unberechenbarkeit der deutschen Außenpolitik für andere Mächte
- 1890: Nichtverlängerung des „Rückversicherungsvertrags“ → 1894: **russisch-französisches Militärbündnis** = **Befreiung Frankreichs aus der Isolation** und Realisierung der von Bismarck gefürchteten Zwei-Fronten-Konstellation
- 1897: Wunsch nach „Weltgeltung“ und Forderung nach einem **„Platz an der Sonne“** (Reichskanzler Bülow) für Deutschland → Teilnahme des Kaiserreichs am „Wettlauf um Afrika“ im Rahmen des **Imperialismus** → Beginn einer ehrgeizigen **Flotten- und Kolonialpolitik**

- Störung des deutsch-britischen Verhältnisses durch **„Krüger-Depesche"** 1896, **„Daily-Telegraph-Affäre"** 1908 und deutsche Wirtschafts- und **Flottenpolitik** → Wettrüsten
- **Selbstisolation des Deutschen Reichs** durch Ablehnung von Rüstungsbeschränkungen → 1904: kolonialpolitischer Ausgleich zwischen Großbritannien und Frankreich **(Entente cordiale)**

Vorkriegskrisen und -kriege

Marokkokrisen (1905/06, 1911)

- **1. Marokkokrise** 1905/06: Druck auf Frankreich durch **Landung Wilhelms II. in Tanger** und Begrüßung des marokkanischen Königs als souveränen Herrscher → Einberufung einer Konferenz zur Unabhängigkeit Marokkos, die mit **diplomatischer Niederlage** Deutschlands endet
- 1907: Entstehung der **Triple-Entente** aus Russland, Frankreich und Großbritannien → **Gefühl der „Einkreisung"** bei Deutschland → Festigung des Zweibunds **(„Nibelungentreue")**
- **2. Marokkokrise** 1911: Entsendung des deutschen **Kriegsschiffs „Panther" nach Agadir**, um Teil des französischen Kongo-Gebiets zu fordern → Beilegung der Krise durch Kompromiss

Balkankrisen (1908/09, 1912, 1913)

- **Balkankrise** 1908/09: **Zerfall des Osmanischen Reichs** („Kranker Mann am Bosporus")
- **1. Balkankrieg** 1912: Angriff von Balkanstaaten auf europäische Besitzungen der Türkei
- **2. Balkankrieg** 1913: Streit um Kriegsbeute → Schwächung der Türkei und Bulgariens (Verbündete Deutschlands und Österreichs), stattdessen Stärkung Serbiens (Verbündeter Russlands)

Julikrise 1914

- 28. Juni 1914: **Attentat** eines serbischen Nationalisten auf österreichischen Thronfolger Franz Ferdinand und seine Frau **in Sarajevo**
- Juli 1914: **„Blankoscheck"** des Deutschen Reichs an Österreich-Ungarn → **Kriegserklärung Österreichs an Serbien** nach gescheitertem Ultimatum
- Mobilmachung in Russland und Frankreich → August 1914: **Kriegserklärungen Deutschlands** an beide → **Einmarsch deutscher Truppen** in Belgien (Schlieffen-Plan) → **Kriegserklärung Großbritanniens** an Deutschland wegen Verletzung der belgischen Neutralität

Kontroversen zum Kriegsausbruch

„Kriegsschuldartikel" 231 des Versailler Vertrags: **Alleinschuld Deutschlands** und seiner Verbündeten am Kriegsausbruch

- **Zurückweisung durch deutsche Historiker** (während der Weimarer Republik): „Hineinschlittern" Europas in den Krieg ohne besonderes Verschulden einer einzelnen Macht
- **„Fischer-These"** des Historikers Fritz Fischer (1960er-Jahre): **bewusste Herbeiführung des Kriegs** durch deutsche Elite in der Julikrise, um Hegemonialstellung in Europa und Weltmachtposition zu erreichen
- **Relativierung der „Fischer-These"** (Wehler und Mommsen): Krieg zur Ableitung von innenpolitischem Druck (Wahlerfolge der Sozialdemokratie) und zur Herstellung von Kriegskonsens („Burgfrieden"), aber keine bewusste Planung des Kriegs durch politische Führung
- **Theorie des „kalkulierten Risikos":** Gefühl der „Einkreisung" bei der deutschen Führung → Instrumentalisierung der Julikrise, um Entente zu sprengen → **Inkaufnehmen des Risikos eines europäischen Kriegs** → Konsens: **Hauptschuld** der offensiv agierenden deutschen Führung
- **Christopher Clark:** Relativierung der Hauptschuld Deutschlands, stattdessen **nur Mitschuld** (europäische Politiker hätten wie „Schlafwandler" agiert) → weiterhin kontrovers diskutiert

Auf einen Blick

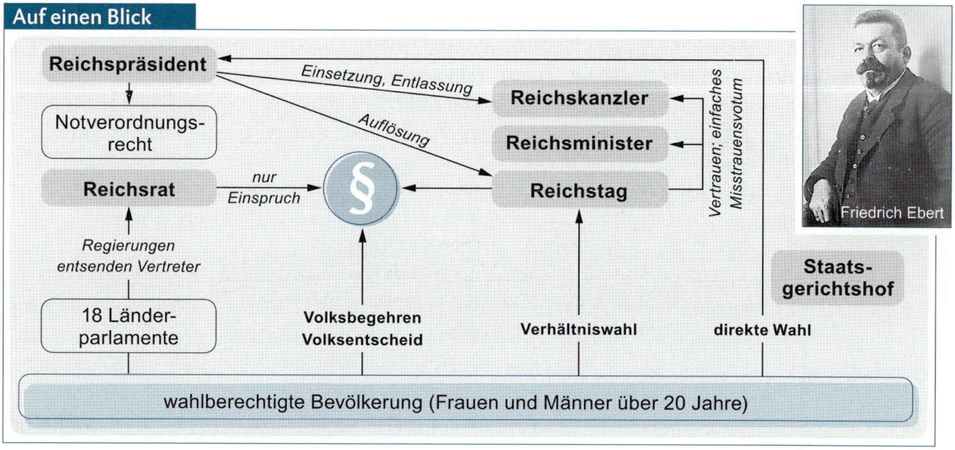

Friedrich Ebert

Novemberrevolution 1918/19

- 29. September 1918: Forderung der Obersten Heeresleitung nach Waffenstillstandsverhandlungen = Eingeständnis der **militärischen Niederlage** → Parlamentarisierung des Reiches als Bedingung der Alliierten → 28. Oktober 1918: Erlass der **„Oktoberverfassung"**
- Ende Oktober 1918: Marineleitung befiehlt Auslaufen der Flotte, um deutschen Widerstandswillen zu demonstrieren → **Matrosenaufstände**, die sich im ganzen Reichsgebiet ausbreiten
- Bildung von **Arbeiter- und Soldatenräten**, die sofortiges Kriegsende und Abdankung des Kaisers fordern → 9. November 1918: Reichskanzler Max von Baden überträgt Regierungsverantwortung an Friedrich Ebert (MSPD) und verkündet **Abdankung des Kaisers**
- **doppelte Republikausrufung:** Proklamierung einer „Deutschen Republik" durch Philipp Scheidemann (MSPD) und Ausrufung einer „Freien Sozialistischen Republik" durch Karl Liebknecht (USPD/Spartakusbund) → Bildung einer provisorischen Regierung aus je drei Vertretern von USPD und MSPD **(Rat der Volksbeauftragten)** → **Waffenstillstand** (11. November 1918)
- **Differenzen** innerhalb der Arbeiterbewegung:
  - **MSPD:** Wahl einer Nationalversammlung **(parlamentarisches System)** als Ziel → 10. November 1918: Abschluss des **„Ebert-Groener-Pakts"** mit Reichswehr, um Militär zur Wiederherstellung von Ruhe und Ordnung einsetzen zu können
  - **USPD und Spartakusbund:** Streben nach **Räterepublik** nach russischem Vorbild
- Dezember 1918: Entscheidung des **Reichsrätekongresses** für Wahl einer Nationalversammlung und damit für parlamentarisches System
- 28. Dezember 1918: Einsatz von Militär gegen aufständische Matrosen in Berlin → USPD-Mitglieder verlassen Rat der Volksbeauftragten → 1. Januar 1919: **Gründung der KPD**
- Januar 1919: Niederschlagung des **„Spartakusaufstands"** durch Freikorps-Truppen → Ermordung von Karl Liebknecht und Rosa Luxemburg → weitere **politische Morde** von rechts

Parteien und ihre Ziele

- Kommunistische Partei Deutschlands **(KPD):** Sozialismus und **Diktatur des Proletariats**, antikapitalistisch und antiparlamentarisch → Wunsch nach Fortsetzung der **Revolution**

- Unabhängige Sozialdemokratische Partei Deutschlands **(USPD):** Sozialisierung, **Räterepublik**
- Deutsch-Nationale Volkspartei **(DNVP):** monarchistisch, antidemokratisch, antirepublikanisch und rechtskonservativ → Wunsch nach **Rücknahme der Revolution**
- Nationalsozialistische Deutsche Arbeiterpartei **(NSDAP):** Propagierung von „Volksgemeinschaft" und „**Führerstaat**", antiparlamentarisch und antidemokratisch → **Ablehnung der Republik**
- Deutsche Volkspartei **(DVP):** parlamentarisch, teilweise monarchistisch, national- und wirtschaftsliberal → zeitweilig zur **Zusammenarbeit mit Weimarer Koalition** bereit
- Parteien der **Weimarer Koalition** als **Stützen der Republik:**
  - Mehrheitssozialdemokratische Partei Deutschlands **(MSPD):** demokratisch, reformorientiert
  - Deutsche Demokratische Partei **(DDP):** demokratisch und linksliberal
  - **Zentrum:** demokratisch, christlich-katholisch

Verfassung

- 19. Januar 1919: Wahl der Nationalversammlung (SPD als stärkste Partei) → 14. August 1919: Inkrafttreten der **Weimarer Reichsverfassung**
- Absage an Rätemodell und Annäherung an westlichen **Parlamentarismus**
- **Reichsrat** als föderalistisches Organ: auf beratende Mitwirkung bei Gesetzgebung beschränkt
- **Legislative:** vom Volk (Männer und Frauen) für vier Jahre in absoluter Verhältniswahl (ohne Sperrklausel) gewählter **Reichstag** mit Gesetzgebungskompetenz und Budgetrecht
- **Exekutive: Reichsregierung** aus Reichskanzler und Reichsministern (kann durch einfaches Misstrauensvotum des Reichstags gestürzt werden)
- vom Volk für sieben Jahre direkt gewählter **Reichspräsident als Gegengewicht zum Parlament:** völkerrechtliche Vertretung, Oberbefehl über die Reichswehr, Berufung und Entlassung der Reichsregierung
  - **Artikel 25:** Möglichkeit der **Parlamentsauflösung**
  - **Artikel 48:** vorübergehend von Parlament und Grundrechten losgelöste **Alleinregierung** zur Herstellung von Sicherheit und Ordnung → Erlass von Gesetzen ohne Mitwirkung des Reichstags = **Notverordnungen** (Reichstag kann Veto einlegen, worauf Reichspräsident aber mit Parlamentsauflösung reagieren kann)

  → Reichspräsident als „**Ersatzkaiser**" mit beinahe diktatorischer Gewalt
- **Volksbegehren und Volksentscheid** als weitere Formen der unmittelbaren Demokratie → Schwächung der Stellung des Reichstags
- langer **Grundrechtekatalog** in Anlehnung an Paulskirchenverfassung, aber **nicht einklagbar**
- konsequente Einhaltung des demokratischen Prinzips: **Gewährung von Freiheiten auch für „Republikfeinde"**, die den Staat unterwandern und von innen heraus zerstören können → Lehre 1949: **„wehrhaftes" Grundgesetz**

Beurteilung der Revolution von 1918/19

- **Hauptursache** der Revolution (nach Max Weber und Wolfram Pyta): **Legitimitätsverlust der Monarchie** wegen sinnlosen Sterbens und Leidens auch der Zivilbevölkerung im Krieg
- teilweise **Vorwurf wegen Zusammenarbeit** der MSPD **mit „alten Eliten"** des Kaiserreichs und Verzicht auf tief greifenden Wandel („**steckengebliebene Revolution**", Eberhard Kolb), dafür aber Absicherung der Demokratie → „**Überkontinuität" zum Kaiserreich** anstelle von personeller Erneuerung → **Gefährdung** der Republik

Auf einen Blick

Grundsätze und Zielsetzungen

- Frankreich: dauerhafte Schwächung Deutschlands
- USA: kollektive Friedenssicherung
- Großbritannien: „Balance of Power"
- Aushandlung ohne deutsche Beteiligung („Diktatfrieden")

Regelungen und Beschlüsse

- territorial: Verlust von ca. 13 % des deutschen Staatsgebiets
- militärisch: Beschränkung des Berufsheers und Verbot der Wehrpflicht
- politisch: „Kriegsschuldartikel"
- wirtschaftlich: hohe Reparationsforderungen

Folgen und Bedeutung

- Empörung und Ablehnung als „Schandvertrag"
- rechte Hetze gegen Weimarer Republik: „Kriegsschuldlüge", Dolchstoßlegende
- Revisionskonsens
- ▶ Instabilität des Friedensschlusses

Grundsätze und Zielsetzungen

- 18. Januar 1919: Zusammentreten von Delegationen aus 32 Ländern (ohne Vertreter der Verliererstaaten und in Bürgerkriegswirren verstricktes Russland) zur **Pariser Friedenskonferenz** → „Rat der Vier" (USA, Großbritannien, Frankreich und Italien) als Hauptentscheidungsträger
- zentrale **Themen:** politische Neuordnung Europas, Umgang mit dem besiegten Deutschen Reich
- **Ziele** der wichtigsten Siegermächte:
  - **Frankreich** (Clemenceau): Gewährleistung der eigenen Sicherheit → **dauerhafte Schwächung Deutschlands**, Wiedergutmachung für erlittene Kriegsschäden, eigene Hegemonie in Europa und Stärkung Polens gegen Deutschland und Russland
  - **USA** (Wilson): **kollektive Friedenssicherung** durch Einrichtung eines Völkerbunds (Teil des 14-Punkte-Programms von Wilson), Rückzahlung der an die Alliierten vergebenen Kriegskredite, Erhaltung Deutschlands als Gegengewicht zu bolschewistischem Russland
  - **Großbritannien** (Lloyd George): **„Balance of Power"** gegen französische Hegemonie → nur geringe Schwächung Deutschlands, um Gegengewicht zum revolutionären Russland zu bilden

  → letztlich abgeschlossener Vertrag stark von französischen Vorstellungen geprägt
- 28. April 1919: Gründung des **Völkerbunds** zur Abrüstung und friedlichen Konfliktlösung
- **Aushandlung** des Vertrags von alliierten Siegermächten in Versailles **ohne deutsche Beteiligung** → 28. Juni 1919: Zwang der deutschen Delegation zur Unterzeichnung im Spiegelsaal von Versailles → Drohung mit Einmarsch alliierter Truppen und Besetzung ganz Deutschlands bei Weigerung **(„Diktatfrieden")**
- 10. Januar 1920: Inkrafttreten des **Versailler Vertrags**

Regelungen und Beschlüsse

Territoriale Bestimmungen

- Abtretung eines Großteils der Provinzen **Westpreußen** und **Posen**, kleinerer Teile von **Ostpreußen** und **Hinterpommern** sowie **Ostoberschlesien** (nach Volksabstimmung) an Polen → Abtrennung Ostpreußens durch polnischen „Korridor" vom Reich

- Erklärung **Danzigs** zur „Freien Stadt" unter Schutz des Völkerbunds
- Abtretung des **Hultschiner Ländchens** an die Tschechoslowakei und Unterstellung des **Memelgebiets** unter Völkerbundsmandat (ab 1923 zu Litauen, ab 1924 Autonomiestatus)
- Rückgabe **Elsass-Lothringens** an Frankreich und Abtretung **Eupen-Malmedys** an Belgien
- Unterstellung des **Saargebiets** für 15 Jahre unter Völkerbundsmandat (Verfügungsgewalt über Kohlegruben für Frankreich), anschließend Volksabstimmung
- **Entmilitarisierung des Rheinlands:** militärische Kontrolle des linksrheinischen Gebiets durch Frankreich
- Angliederung **Nordschleswigs** nach Volksabstimmung an Dänemark
- Verlust sämtlicher **Kolonien** und **Vereinigungsverbot** mit Österreich

→ Verlust von ca. 13 % des deutschen Staatsgebiets und ca. 10 % der Bevölkerung

Militärische Bestimmungen

- **Beschränkung des Berufsheers** auf 100 000 Mann sowie der Marine auf 15 000 Mann und **Verbot der Wehrpflicht**
- **Verlust der Luftstreitkräfte**, schwerer Waffen, Schlachtschiffe und U-Boote
- **Entmilitarisierung des Rheinlands** in einem Streifen 50 Kilometer östlich des Rheins
- **Besatzung** der Gebiete um Aachen, Koblenz, Köln, Trier und Mainz

Politische und wirtschaftliche Bestimmungen

- Artikel 231 **(„Kriegsschuldartikel"):** Zuweisung der alleinigen Kriegsschuld an Deutschland und seine Verbündeten
- hohe **Reparationsforderungen** der Siegermächte an Deutschland:
  - **Sachleistungen:** Handelsschiffe, Lokomotiven, Maschinen, ein Viertel der Fischfangflotte, Vieh, Kohle usw.
  - **Geldzahlungen** in Höhe von 269 Milliarden Goldmark in 42 Jahresraten (Festlegung auf der Konferenz von Boulogne 1920) → Abänderung der Höhe in mehreren Abkommen, 1932 endgültige Aufhebung der Reparationen

  → Androhung **harter Strafen** (u. a. Besetzung des Lands) **bei Nichterfüllung** der Wiedergutmachungsleistungen

Folgen und Bedeutung

- **Empörung** und einhellige **Ablehnung** des Vertrags (v. a. des „Kriegsschuldartikels") von weiten Teilen der Bevölkerung sowie der Regierung wegen Härte der Bestimmungen („**Schandvertrag**", „Gewaltfrieden") → **Verunglimpfung der Unterzeichner** von rechten Republikgegnern als „Erfüllungspolitiker"
- Instrumentalisierung des als nationale Schande empfundenen Vertrags für **rechte Hetze** gegen Weimarer Republik **(„Kriegsschuldlüge")** → Bezeichnung von Demokraten und Republikanern als „Novemberverbrecher", die durch Revolution und Friedensverhandlungen dem siegreichen deutschen Heer in den Rücken gefallen seien **(Dolchstoßlegende)**
- **Revisionskonsens:** Revision des Versailler Vertrags als parteienübergreifendes Hauptziel künftiger deutscher Außenpolitik
- **Schwächung der deutschen Wirtschaftskraft** durch hohe Reparationen
- Versailler Vertrag als ein Grund für späteres **Scheitern der Weimarer Republik**
- Gegensatz zum Westfälischen Frieden und zum Wiener Kongress: **Instabilität des Friedensschlusses** → Zwischenkriegszeit (1919–1938) nur Atempause, keine wirkliche Friedensphase

Auf einen Blick

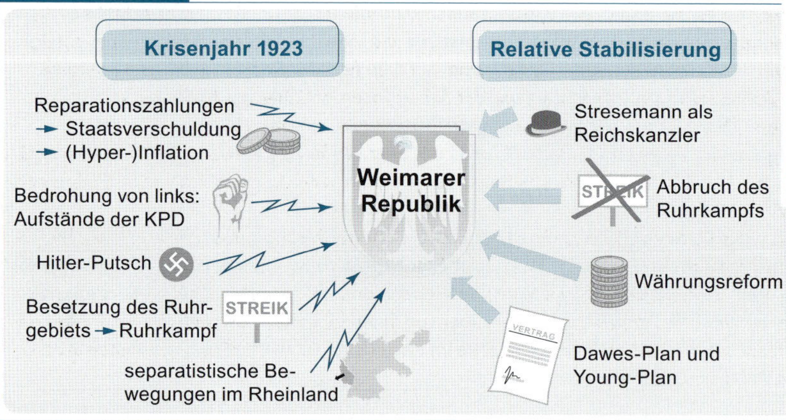

Krisenjahr 1923

- Jahr 1923 als **Höhepunkt krisenhafter Erscheinungen** wirtschaftlicher und (gesellschafts)politischer Art
- Januar 1923: Rückstand Deutschlands bei Reparationsleistungen → **Besetzung des Ruhrgebiets** durch französische und belgische Truppen → Aufruf der Reichsregierung zum passiven Widerstand → hohe Kosten des **Ruhrkampfs**
- hohe **Staatsverschuldung** durch Kriegskredite und Kriegsfolgelasten (Reparationen, Ruhrkampf) → Finanzierung durch Neudruck von Papiergeld → immer raschere Geldentwertung **(Hyperinflation)** → sinkendes Vertrauen der Verlierer (Rentner und Mittelstand) in die neue Republik → weiterer Glaubwürdigkeits- und **Legitimationsverlust der Demokratie**
- **Bedrohung** der Republik **von links** im Oktober 1923: Versuch der KPD in Thüringen und Sachsen, bewaffneten Umsturz im Reich auszulösen → Niederschlagung der Aufstände durch Reichswehr
- Oktober 1923: im **Rheinland** fordern von Frankreich unterstützte **Separatistengruppen** Loslösung vom Reich → Scheitern am Widerstand der Bevölkerung → Nachlassen des Separatismus erst nach Verbesserung der Wirtschaftslage
- 8./9. November 1923: Versuch Hitlers und anderer republikfeindlicher Kräfte, die Reichsregierung zu stürzen **(Hitler-Putsch)** → Niederschlagung durch Bayerische Landespolizei → nur niedrige Haftstrafen für Hitler und seine Mitverschwörer **(Justiz „auf dem rechten Auge blind")**

Relative Stabilisierung (Ende 1923–1929)

- 1923: Gustav **Stresemann** (DVP) wird Reichskanzler und danach Außenminister → Entscheidungen zum **Abbruch des Ruhrkampfs** (September 1923) und zur **Währungsreform** (November 1923) als Voraussetzung für wirtschaftliche Erholung
- Einführung der **Rentenmark** (1924 zusätzliche Einführung der Reichsmark) und ausländische Investitionen → finanz- und **wirtschaftspolitische Stabilisierung**

- Einigung über Reparationen im **Dawes-Plan** 1924: Verzicht auf Gesamtforderung zugunsten steigender Ratenzahlungen → Deutsches Reich kann wieder als Kreditnehmer auftreten
- ab 1924: beschleunigtes **Wirtschaftswachstum** und Wiederanstieg der Industrieproduktion, außerdem staatliche Interventionen vor allem auf dem Feld der **Sozialpolitik** → Gesetze für soziale Verbesserungen, z. B. Einführung der Arbeitslosenversicherung 1927
- Juli/August 1925: **Abzug der Besatzungstruppen** aus dem Ruhrgebiet
- **Beruhigung des innenpolitischen Klimas** mit zwar häufig wechselnden, aber demokratischen Regierungen: hauptsächlich Koalitionen der bürgerlichen und konservativen Parteien (Zentrum, DDP, DVP, DNVP)
- 1925: Tod des Reichspräsidenten Friedrich Ebert → Monarchist und ehemaliger kaiserlicher Feldmarschall Paul von **Hindenburg wird neuer Reichspräsident = konservativer Wendepunkt**
- **Young-Plan** 1929: zeitliche Begrenzung der Reparationszahlungen bis 1988 → **Stimmungsmache der Rechten** gegen Young-Plan, aber von ihnen initiierter Volksentscheid scheitert → 1932: Räumung der letzten Besatzungszone im Rheinland und **Aufhebung aller** noch ausstehenden **Reparationszahlungen**

Präsidialregierungen (1930–1933)

- 1930: Bruch der Großen Koalition und **Beginn der Präsidialkabinette unter Reichskanzler Brüning:** Regierung ohne Parlamentsmehrheit mithilfe von **Notverordnungen** nach Art. 48 der Verfassung, nur gestützt auf Vertrauen des Reichspräsidenten Paul von Hindenburg → Reichstagsauflösung bei Widerspruch gegen Notverordnungen
- **Beeinflussung Hindenburgs** durch rechtskonservative Berater **(„Kamarilla")**
- Reichstagswahl 1930: **NSDAP** wird **zweitstärkste Fraktion** → Tolerierung der Regierung Brüning durch SPD und gemäßigte Bürgerliche
- Oktober 1931: Zusammenschluss der Nationalsozialisten, der Deutschnationalen und der rechten Frontkämpfervereinigung „Stahlhelm" zur **„Harzburger Front"** als Bündnis zwischen wichtigen konservativen Politikern und den Rechtsextremen
- Mai 1932: **Sturz Brünings** durch wiedergewählten Hindenburg
- **Ernennung Franz von Papens** zum Reichskanzler und Leiter des **„Kabinetts der Barone"** aus deutschnationalen Adligen
- Aufhebung des von Brüning erlassenen SA- und SS-Verbots
- **Straßenkämpfe zwischen SA und Kommunisten** als Anlass, um demokratische Minderheitenregierung in Preußen abzusetzen **(„Preußenschlag")** = Verlust der letzten Machtposition der Demokraten in der Exekutive
- Auflösung des Reichstags durch Hindenburg und **Neuwahlen: NSDAP als stärkste Partei**, aber Weigerung Hindenburgs, Hitler zum Reichskanzler zu ernennen
- Misstrauensvotum des Reichstags gegenüber von Papen → **Reichstagsauflösung**
- **keine regierungsfähige Mehrheit** bei Neuwahlen → **Entlassung von Papens**, der mit Unterstützung der Reichswehr Präsidialdiktatur errichten will, aus Angst vor Bürgerkrieg
- Dezember 1932: **Ernennung Kurt von Schleichers**, der breite parlamentarische Basis für seine Politik sucht **(„sozialer General")** → Versuch, Reichstagsauflösung herbeizuführen und Neuwahlen aufzuschieben, um präsidiale Diktatur durchzusetzen **(„Staatsnotstandsplan")**
- **Scheitern von Schleichers** → Bereitschaft Hitlers, Koalitionsregierung mit Deutschnationalen und parteilosen Konservativen zu bilden → Versicherung von Papens, Nationalsozialisten in gemeinsamer Regierung zu „zähmen"
- 30. Januar 1933: **Ernennung Hitlers zum Reichskanzler** durch Reichspräsident Hindenburg

Auf einen Blick

Gustav Stresemann

ZIEL: Revision des Versailler Vertrags

WESTORIENTIERUNG

- Vertrag von Locarno 1925
- deutsch-französische Aussöhnung
- Aufnahme Deutschlands in den Völkerbund 1926

VS.

OSTORIENTIERUNG

- Vertrag von Rapallo 1922
- Berliner Vertrag 1926

Rückkehr Deutschlands in Kreis der Großmächte und teilweise Revision des Versailler Vertrags auf friedlichem Weg

Allgemeine Prinzipien, Voraussetzungen und Ziele

- politische und wirtschaftliche **Isolation** des Deutschen Reichs **durch Versailler Vertrag** → **Annäherung an** ebenfalls isoliertes **Russland** → gemeinsame Interessen: Erweiterung des eigenen außenpolitischen Handlungsspielraums und Rückkehr in den Kreis der Großmächte als gleichberechtigter Partner
- **Revisionismus:** Aufhebung der Bestimmungen des Versailler Vertrags als Hauptziel der deutschen Außenpolitik → gewaltsame Revision unmöglich → **Streben nach Zusammenarbeit** mit ehemaligen Kriegsgegnern
- **West- vs. Ostorientierung:** „Schaukelpolitik" zwischen West und Ost, um sich verschiedene Optionen offenzuhalten → Berücksichtigung des **Sicherheitsbedürfnisses von Frankreich** sowie der **polnischen Sicherheitsinteressen** gegenüber Deutschland und der Sowjetunion
- **britisches Interesse** an wirtschaftlicher Erholung und politischer **Stabilisierung Deutschlands**, um eigene Probleme zu überwinden und Bollwerk gegen Sowjetrussland zu schaffen

Stationen

- **Vertrag von Rapallo** vom 16. April 1922 zwischen Russland und Deutschland:
  - Aufnahme diplomatischer Beziehungen
  - gegenseitiger Verzicht auf Wiedergutmachung
  - Vereinbarung des handelspolitischen Grundsatzes der Meistbegünstigung (dritter Staat darf nicht bessergestellt werden als jeweiliger Vertragspartner)

→ Zurückgewinnung von **außenpolitischem Handlungsspielraum** für Deutschland und die Sowjetunion

→ ab 1925: geheime **militärische Zusammenarbeit** zur Umgehung der Rüstungsbeschränkungen des Versailler Vertrags, z. B. deutsche Waffentests und Militärtraining auf sowjetischem Gebiet

→ **Angst der Westmächte** vor deutsch-russischer Zusammenarbeit und vor revisionistischem Militärbündnis gegen Versailler Friedensordnung → **Verschärfung der französischen Außenpolitik** gegenüber Deutschland (z. B. Ruhrbesetzung)

- Streben **Gustav Stresemanns** nach Überwindung der „Erbfeindschaft" mit Frankreich und nach friedlicher **Zusammenarbeit mit den Westmächten**
- **Verträge von Locarno** 1925:
  - **Garantiepakt** Deutschlands, Belgiens und Frankreichs über bestehende deutsche **Westgrenzen** (England und Italien als Garantiemächte) → Verzicht Deutschlands auf Elsass-Lothringen und Eupen-Malmédy
  - Zusicherung der dauerhaften Entmilitarisierung des Rheinlands vonseiten Deutschlands
  - **Schiedsverträge** mit Polen und der Tschechoslowakei (Beistandspakte von Frankreich und Belgien als Garantie): Verzicht Deutschlands auf gewaltsame Wiederherstellung seiner alten **Ostgrenzen**, aber Offenhalten der Möglichkeit einer friedlichen Revision

→ Schaffung eines vertrauensvollen Klimas → **Abzug der französischen Besatzungstruppen** aus linksrheinischen deutschen Gebieten

→ **Rückkehr** Deutschlands als gleichberechtigter Partner **in die internationale Gemeinschaft**, ABER: Stresemann wird wegen Anerkennung der Westgrenzen von rechtsgerichteten Kräften als „Erfüllungspolitiker" diffamiert

- **Berliner Vertrag** als Freundschaftsvertrag zwischen der Sowjetunion und Deutschland 1926:
  - Bestätigung des Rapallo-Vertrags von 1922
  - gegenseitige Neutralität im Kriegsfall
  - soll nach Hinwendung zu den Westmächten die Sowjetunion beruhigen
- **Briand-Kellogg-Pakt** 1928: internationale **Ächtung des Kriegs** als Mittel der Politik

Ergebnisse und Bewertung

- Locarno-Vertrag als **doppelbödiges Vertragswerk: Anerkennung der Westgrenzen** vs. Hoffnung auf **Revision der Ostgrenzen** mit Einverständnis der Siegermächte → Polen als Verlierer von Locarno, da Ostgrenze nicht festgelegt wird
- Verbesserung des internationalen Ansehens der Weimarer Republik unter Außenminister Gustav Stresemann („**Ära Stresemann**", 1923 bis zu seinem Tod 1929) → **Aufnahme Deutschlands in den Völkerbund** 1926 mit ständigem Sitz im Völkerbundsrat = Rückkehr in den Kreis der Großmächte
- 1926: **Friedensnobelpreis** für Stresemann und seinen französischen Amtskollegen Aristide Briand wegen Bemühungen um **deutsch-französische Aussöhnung**
- Tagung des Völkerbunds im Herbst 1929: Briands Vision einer **„solidarischen Gemeinschaft" der europäischen Staaten** → Stresemann lehnt als Verfechter eines souveränen Nationalstaats integrative Europapolitik ab
- **Young-Plan** 1929: zeitliche Begrenzung der Reparationszahlungen bis zur faktischen Aufhebung 1932 auf der Konferenz von Lausanne → 1930: vorzeitige **Räumung des Rheinlands**
- 1932: **Deutschland** auf der Genfer Abrüstungskonferenz **militärisch grundsätzlich** wieder **gleichberechtigt**

Auf einen Blick

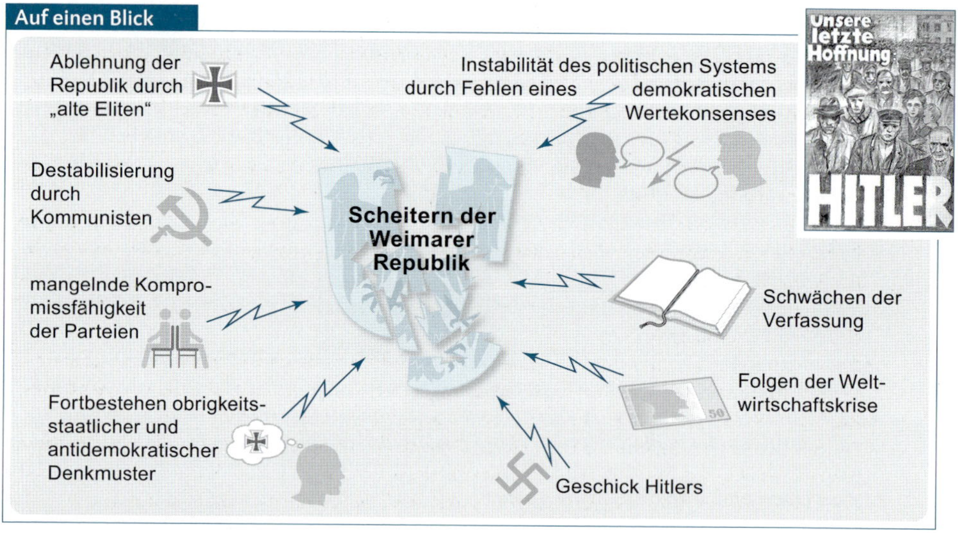

Aufstieg der NSDAP

- 1919: Eintritt Hitlers in die Deutsche Arbeiterpartei (DAP)
- 1920: Umbenennung der Partei in **Nationalsozialistische Deutsche Arbeiterpartei (NSDAP)** und Veröffentlichung des **25-Punkte-Programms** (u. a. Aufhebung des Versailler Vertrags, Ablehnung der deutschen Staatsbürgerschaft für Juden, Propagierung eines autoritären Staats)
- 1921: **Übernahme des Parteivorsitzes durch Hitler** und Durchsetzung des Führerprinzips
- **wachsende Anhängerschaft** durch aggressive Propaganda, Straßenterror der SA, Hitlers rhetorische Begabung und Unterstützung durch einflussreiche bayerische Kreise
- **Scheitern des Hitler-Putsches** am 9. November 1923 → Festungshaft Hitlers in Landsberg am Lech, wo er die beiden Bände von ***Mein Kampf*** schreibt
- Übergang zur „**Legalitätstaktik**" = Erlangung der Macht auf legalem Weg
- 1929: Aufbegehren gegen den Young-Plan, Bündnis mit DNVP („Harzburger Front") und Folgen der Weltwirtschaftskrise als entscheidender Durchbruch der NSDAP → 1930 zweitstärkste und 1932 **stärkste Partei** bei Reichstagswahlen
- **Wähler und Mitglieder der NSDAP:**
  – vom Abstieg bedrohtes Bürgertum, v. a. Selbstständige, Beamte, Rentner und Pensionäre
  – ländliche Bevölkerung in protestantischen Gebieten
  – junge Neuwähler mit besonderer Empfänglichkeit für einfache Parolen der Nationalsozialisten
  – Teile der Arbeiterschaft
  → NSDAP als erste deutsche klassen- und milieuübergreifende Volkspartei

Gründe für das Scheitern der Weimarer Republik

- **Ablehnung der Republik durch „alte Eliten"** des Kaiserreichs, die in Machtpositionen geblieben sind, z. B. Reichspräsident Hindenburg → kein Zwang zur Ernennung Hitlers, sondern Nachgeben gegenüber Drängen einflussreicher Industrieller und der „Kamarilla"

- **Destabilisierung der Republik durch Kommunisten** (KPD): Abhängigkeit von Moskauer Genossen und Gegnerschaft zur SPD, was gemeinsame Front der Arbeiterschaft gegen Nationalsozialisten verhindert; außerdem hemmendes Verhalten im Parlament und Gewalt in Straßenkämpfen → Furcht vor bolschewistischer Revolution → Zunahme der NSDAP-Wähler
- **Fortbestehen obrigkeitsstaatlicher und antidemokratischer Denkmuster** bei einem Großteil der Bevölkerung → Hitler kann reaktionäre Grundstimmung nutzen und seine Ideologie findet großen Anklang
- latente **Instabilität des politischen Systems durch Fehlen eines demokratischen Wertekonsenses**, z. B. allgemeine Ablehnung des Versailler Vertrags, der große Belastung für Ansehen der Republik darstellt
- **fehlende Bereitschaft der Parteien zur Zusammenarbeit** aufgrund mangelnder Regierungstradition und Egoismus
- **Schwächen der Verfassung** (z. B. Zulassung von Splitterparteien im Parlament, starke Rolle des Reichspräsidenten), allerdings ist Verfassung an sich keine Ursache für Scheitern der Republik, sondern deren Umsetzung durch Hindenburg und seine „Kamarilla"
- **Folgen der Weltwirtschaftskrise:** keine Möglichkeit zur Verankerung republikanischer Strukturen, Radikalisierung der vom Elend bedrohten Bevölkerung
- **Geschick Hitlers**, der konsequent Fehler und Schwächen der Demokraten ausnutzt

Analysen und Darstellungen zum Scheitern

- Eberhard Kolb (2002): **NS-Diktatur keine zwangsläufige Folge** aus Krisen zu Beginn der 1930er-Jahre → Einigkeit unter Historikern, dass **monokausale Deutungen untauglich** sind: Berücksichtigung aller Bereiche des gesellschaftlichen Lebens (Politik, Soziales, Wirtschaft und Kultur), um Scheitern der Weimarer Republik und Aufstieg des Nationalsozialismus erklären zu können,
  ABER: unterschiedliche Gewichtung der einzelnen Bereiche:
  - Hagen Schulze (1982): Betonung der Mentalitäten und Einstellungen → Scheitern der Republik aufgrund **falscher Entscheidungen** der Bevölkerung, der Parteien, Gruppen und Einzelner, die sich auch für Demokratie hätten einsetzen können
  - Detlev Peukert (1987): **Nationalsozialismus als letzte** und radikalste **Alternative**, nachdem von „alten Eliten" gewünschte Rückkehr zu Vorkriegszuständen gescheitert ist
  - Karl Dietrich Bracher (1987): Zerstörung der Republik durch starke **antidemokratische Agitation von links und rechts**
  - Heinrich August Winkler (1993): Fehlen eines tragfähigen antitotalitären Konsenses
- weitere Forschungskontroversen:
  - Scheitern bereits in Anfängen der Republik begründet, da **Revolution** von 1918/19 Politik, Wirtschaft und Gesellschaft **nicht konsequent genug** umgestaltet habe
  - Betonung der **Belastungen der jungen Republik** nach militärischer Niederlage im Ersten Weltkrieg: Staatsschulden aus Kriegsanleihen → **Inflation** → Vertrauensverlust der Bevölkerung, **Versailler Vertrag** → kollektives Gefühl ungerechter Behandlung → **Nährboden für Propaganda** der antidemokratischen Rechten (Kriegsunschuld- und **Dolchstoßlegende**)
  - **Weltwirtschaftskrise** von 1929 als Verstärkung der bereits vorhandenen antidemokratischen Ressentiments und nationalistischen Einstellungen
  - Scheitern des sozialen Ausgleichs zwischen Arbeit und Kapital

Auf einen Blick

Aufhebung der Standes- und Klassengegensätze in der „Volksgemeinschaft" (Inklusion)

Beschränkung der Zugehörigkeit auf wertvolle „arische" Deutsche (Exklusion)

„Volksgemeinschaft"

Heilserwartungen an das 1000-jährige „Dritte Reich" als Endpunkt der Geschichte

Führermythos: Hitler als der vom Schicksal gesandte Retter

Hitlers Konzept richtet sich gegen

- das „Artfremde", „Undeutsche"
- die christliche Ethik
- Menschen- und Bürgerrechte
- demokratische Prinzipien
- die Rechte des Individuums

Führerprinzip

- **Unterordnung** der „Volksgemeinschaft" unter den Willen eines Einzelnen: **absoluter Gehorsam** gegenüber den Befehlen des „Führers" → **Opposition als Verbrechen**
- Ablehnung jeglicher Form von Machtaufteilung und Mehrheitsbeschlüssen = **Antiparlamentarismus** → Ablehnung der Parteiendemokratie
- Führerprinzip auf allen Ebenen: Autorität nach unten, Gehorsam nach oben
- Rechtfertigung des absoluten Machtanspruchs mit **angeblicher Unfehlbarkeit Hitlers** („Der Führer hat immer recht.") und mit **Führermythos** (Hitler als vom Schicksal gesandter Retter)

„Volksgemeinschaft"

- Gemeinschaft **(Inklusion)** derjenigen, die laut der NS-Ideologie zum deutschen Volk gehören **(„Volksgemeinschaft" als „Blutsgemeinschaft")** → Ausschluss **(Exklusion)** von Juden, „Zigeunern" und anderen aus rassischen oder politischen Gründen unerwünschten Personengruppen (Behinderte, Homosexuelle, Oppositionelle usw.)
- **Feindbilder** zur Integration aller erwünschten Mitglieder durch Stärkung des Zusammenhalts und Aufwertung der zur Gemeinschaft Gehörenden
- innerhalb der „Volksgemeinschaft" Streben nach **Aufhebung der Klassenunterschiede sowie jeglicher Individualität** („Du bist nichts, dein Volk ist alles.")
- Appell an **Opferwillen des Einzelnen für die Gemeinschaft**, aber keinerlei Solidarität für Schwache und Hilfsbedürftige **(„Ethik der Mitleidslosigkeit")**

Rassenlehre und Antisemitismus

- Glaube an Existenz biologisch unterschiedlicher Rassen als Ausgangspunkt → Einteilung der Menschheit in **höher- und minderwertige Rassen:**

  - „arische Rasse" als wertvollste Rasse mit Recht auf Herrschaft über die Erde, Deutsche als „Herrenvolk" unter den **„Ariern"**
  - **jüdische „Rasse"** als Feindbild und Bedrohung für Herrschaftsanspruch der „Arier" → **„Überlebenskampf"** gegen „jüdische Weltverschwörung"
- **internationales Judentum als das personifizierte Böse**, das für alles verantwortlich gemacht wird, was die Nationalsozialisten ablehnen (Marxismus, Liberalismus, Demokratie, Pazifismus, Parlamentarismus, Versailler Vertrag) → **Vernichtung der Juden** im Sinne von Hitlers wahnhaftem Denken als logische Konsequenz
- **Antisemitismus:** heute Bezeichnung für alle Erscheinungsformen der Judenfeindschaft, im 19. Jahrhundert pseudowissenschaftliche, rassistische Ablehnung von Juden (vorher religiöse oder ökonomisch begründete Judenfeindschaft) → bei Hitler **„eliminatorischer Rassenantisemitismus"**, auf Vernichtung der Juden ausgerichtet

Lebensraumpolitik und Sozialdarwinismus

- Ziel Hitlers: rassisch reines germanisch-deutsches Großreich durch Eroberung von **„Lebensraum im Osten"** für das deutsche „Herrenvolk" → **„Umvolkungspläne":** Umsiedlung von „Deutschblütigen" auf russischen Boden (in den Händen „jüdisch-bolschewistischer Untermenschen"), aber auch Ausbeutung von Landwirtschaft und Rohstoffvorkommen
- **Sozialdarwinismus** als pseudowissenschaftliche Grundlage: unhaltbare Übertragung von Darwins Evolutionstheorie zur natürlichen Auslese der Arten auf den Menschen → **„Recht des Stärkeren"** und „Ausmerzung des Schwachen" im **„Kampf ums Dasein"**

Antisozialismus und Antibolschewismus

- **Ablehnung von Liberalismus und Sozialismus** als Verstoß gegen nationale Grundwerte
- Vorwurf an Judentum, mithilfe von Marxismus und uneingeschränktem Kapitalismus die Weltherrschaft erlangen zu wollen → **Kommunismus als Feindbild** des Nationalsozialismus
- Propaganda vom **„nationalen Sozialismus":** Aufhebung der Klassengegensätze und Entproletarisierung der Arbeiter

Nationalsozialistischer Sprachgebrauch

Ziel der NS-Ideologie: Beeinflussung der Menschen im Sinne der herrschenden Partei → zusätzliche **Beeinflussung durch Sprachgebrauch:**

- vielfache Verwendung von **Abkürzungen**, um Bekanntheit der Organisationen zu suggerieren, z. B. *BDM* für *Bund Deutscher Mädel*, *KdF* für *Kraft durch Freude* oder *KZ* für *Konzentrationslager*
- Verwendung **technischer Begriffe**, z. B. *Gleichschaltung* oder *Arisierung*
- Entmenschlichung durch **Metaphern aus der Tier- und Pflanzenwelt**, z. B. Bezeichnung der Juden als *Bazillus*, *Schmarotzer* oder *Parasiten*
- Verschleierung von Verbrechen durch **Euphemismen**, z. B. *Euthanasie*, *Endlösung*, *Sonderbehandlung* oder *Reichskristallnacht*
- Überhöhung des Nationalsozialismus bzw. Erniedrigung von Gegnern durch Verwendung von **Superlativen**, z. B. *heiligste Empörung*
- Anleihen aus dem **religiösen Sprachgebrauch**, z. B. *Vorsehung*, *Glaube*, *Weihe* oder *Opfer*
- **Entindividualisierung**, z. B. *der Jude* für alle Juden, *Menschenmaterial*, *Menschenmasse*
- ständige **Wiederholung** von positiv besetzten Begriffen, z. B. *Volk*

Auf einen Blick

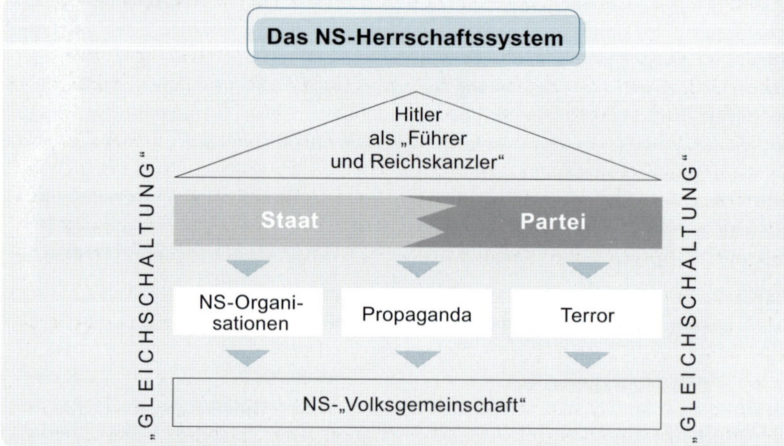

„Machtergreifung“

- „Machtergreifung“ als **Begriff der Nachkriegszeit**, um aggressiven Charakter des NS-Regimes zu betonen und breite Zustimmung des Volks zu verschleiern → **Machtübertragung** in Tradition der Präsidialkabinette und formal im Rahmen der Verfassung
- **Regierung der „nationalen Konzentration“** mit Hitler, Frick, Göring und später Goebbels (NSDAP) und Konservativen, die Nationalsozialisten „zähmen“ sollen → **Sprengung des Zähmungskonzepts** durch Hitler mithilfe von Reichstagsauflösung und Neuwahlen
- 4. Februar 1933: „Verordnung zum Schutze des deutschen Volkes“: Einschränkungen von Presse- und Versammlungsfreiheit (angeblich, um Volk vor kommunistischem Umsturz zu schützen)
- **Reichstagsbrand** am 27. Februar 1933 → **„Reichstagsbrandverordnung“** vom 28. Februar: Einschränkung der Grundrechte → Verhaftung von über 10 000 politischen Gegnern
- 5. März 1933: **Reichstagswahlen**; NSDAP erreicht trotz Terror gegen linke Parteien nur 43,9 % der Stimmen
- 23. März 1933: **„Ermächtigungsgesetz“:** Regierung kann ohne Mitwirkung von Reichstag und Reichsrat (auch von der Verfassung abweichende) Gesetze erlassen = **Ausschaltung des Parlaments und der Weimarer Verfassung** (Erreichen der nötigen 2/3-Mehrheit, indem die verhafteten Abgeordneten als „unentschuldigt fehlend“, aber anwesend gewertet werden; SPD einzige Partei, die trotz Drohungen Hitlers gegen „Ermächtigungsgesetz“ stimmt)

„Gleichschaltung“

= Vereinheitlichung des gesamten gesellschaftlichen und politischen Lebens im Sinne der NS-Ideologie

Politische Ebene

- 31. März 1933: „Erstes Gesetz zur **Gleichschaltung der Länder** mit dem Reich“ = Aufhebung des Föderalismus durch Auflösung der Landtage und Neuzusammensetzung nach dem Ergebnis der Reichstagswahl

- 7. April 1933: „Gesetz zur **Wiederherstellung des Berufsbeamtentums**“: Entlassung von Beamten „nichtarischer“ Herkunft oder mit politisch unerwünschter Einstellung („Arierparagraph“)
- 14. Juli 1933: **„Gesetz gegen die Neubildung von Parteien“:** NSDAP als einzige Partei
- 1. Dezember 1933: **„Gesetz zur Sicherung der Einheit von Partei und Staat“:** Erklärung der NSDAP als unauflöslich mit dem Staat verbunden → NSDAP = Staat
- Juni/Juli 1934: **Ausschaltung der letzten innerparteilichen Opposition** durch Aktion gegen die SA (vorgeblich zur Niederschlagung eines geplanten Putschversuchs = **„Röhm-Putsch“**)
- 1. August 1934: „Gesetz über das Staatsoberhaupt des Deutschen Reiches“: **Vereinigung des Amts des Reichspräsidenten mit dem des Reichskanzlers** → Hitler ist alleiniges Staatsoberhaupt → Vereidigung der Reichswehr auf Hitler = **uneingeschränkte NS-Diktatur**

Gesellschaftliche Ebene

- Ziel: totale Erfassung jedes **Einzelnen (totalitäre Diktatur)** → Durchdringung aller Lebensbereiche mithilfe von NS-Organisationen, Propaganda und Terror
- Beispiele für **NS-Massenorganisationen:**
  - **Jugendorganisationen:** Deutsches Jungvolk (DJ), Jungmädel (JM), **Hitlerjugend (HJ), Bund Deutscher Mädel (BDM)** → Ziel: Vereinnahmung der Jugendlichen für den Staat durch Erziehung der Jungen zu zukünftigen Soldaten und der Mädchen zu „gebärfreudigen“ Müttern
  - **NS-Frauenschaft** für alle Frauen, die als Mütter nationalsozialistisches Idealbild der Frau verkörpern sollen
  - **Deutsche Arbeitsfront (DAF):** Ersatz für zerschlagene Gewerkschaften zur Erfassung aller Arbeitgeber und Arbeitnehmer, denen Tarifautonomie und Streikrecht genommen wird
- Beispiele für **Propagandamaßnahmen und -einrichtungen:**
  - Reichspropagandaministerium unter der Leitung von Joseph Goebbels: **Kontrolle der Massenmedien** durch „Gleichschaltung“ der Presse sowie von Rundfunk und Fernsehen
  - **Masseninszenierungen**, z. B. Reichsparteitage
  - **Selbstdarstellung in den Medien:** Propagandafilme; Produktion des „Volksempfängers“ → Beeinflussung durch Mischung aus Unterhaltung und politischer Indoktrination
- Beispiele für **Terrormaßnahmen und -einrichtungen:**
  - **Gestapo**, **SS** und **SD** als Terror- und Verfolgungsorgane → Entstehung eines Systems aus Bespitzelung und Denunziationen
  - Errichtung von **Konzentrationslagern** → Folter und Vernichtung Andersdenkender

„Führerstaat“

- **Hitlers Machtfülle** vermittelt Eindruck straffer, zentralistischer Herrschaft in einheitlichem Führerstaat, ABER in der Realität ständige **Machtkämpfe auf allen staatlichen und parteilichen Ebenen** unterhalb Hitlers = **„polykratische“ Herrschaft** mit chaotischer Regierungsstruktur
- personelle und organisatorische **Verzahnung von Staat und Partei:** Parteifunktionäre zugleich Verwaltungsbeamte, z. B. Himmler zugleich Chef der Polizei und „Reichsführer SS“ → Aushöhlung der staatlichen Macht durch Ämter und Behörden der Partei
- Führererlasse und -befehle außerhalb jeglicher Kontrolle
- diffuser **„Führerwille“** als verbindendes Element: auf allen Ebenen Versuch, auch ohne expliziten Befehl nach Hitlers Willen zu handeln

Auf einen Blick

TERROR

Mittel

- Einschränkung der Grundrechte
- „Schutzhaft" in Konzentrationslagern
- Unterdrückung und Verfolgung aus politischen, weltanschaulichen und rassistischen Gründen

Träger

- SS, Gestapo und SD als Terrororganisationen
- Sondergerichte und „Volksgerichtshof"

PROPAGANDA

Mittel

- „Volksempfänger"
- quasireligiöse Propagandainszenierungen
- Lenkung des kulturellen Lebens
- Monumentalarchitektur
- Führermythos und „Volksgemeinschaft"

Träger

- Reichsministerium für Volksaufklärung und Propaganda unter Joseph Goebbels
- „gleichgeschaltete" Medien
- Bildungseinrichtungen und NS-Organisationen

Einschüchterung und Beeinflussung der Bevölkerung → **Ziel:** **Gesellschaft, die widerspruchslos hinter dem NS-Regime steht**

Terror

- Februar 1933: **Einschränkung der Grundrechte** in der „Reichstagsbrandverordnung" → **„Schutzhaft"** (Gefangennahme politischer Gegner) mit Demütigungen, Folter und Mord
- März 1933: Eröffnung des ersten **Konzentrationslagers** in Dachau
  - **Ausschaltung der politischen Opposition** (v. a. Sozialdemokraten, Kommunisten)
  - **Verfolgung aus rassistischen und weltanschaulichen Gründen** (Juden, Sinti und Roma, Homosexuelle, „Asoziale", Zeugen Jehovas)

  → Einrichtung weiterer Konzentrationslager und **„Außenlager"**, in denen schlechte Ernährung, mangelnde Hygiene, Schikanen und Zwangsarbeit oft zu Krankheit und Tod der Insassen führen

  → ab 1939 Ergänzung durch große Lager im neu errichteten „Generalgouvernement" → ab 1941 teilweise Ausbau zu **Vernichtungslagern**
- **Terrororganisationen** unter Leitung von Heinrich Himmler:
  - **SS** (Schutzstaffel): 1934 **Übernahme der Konzentrationslager** durch „Totenkopfverbände" der SS → Lager als durchorganisierte Terroreinrichtungen → maßgebliche Beteiligung der SS an Planung und Durchführung des **Holocaust** und anderer Kriegsverbrechen
  - **Gestapo** (Geheime Staatspolizei) als **Politische Polizei** zur Bekämpfung politischer Gegner
  - **SD** (Sicherheitsdienst): **Geheimdienst** der NSDAP bzw. der SS zur Bekämpfung und Vernichtung politischer Gegner sowie zur Einschüchterung der Bevölkerung, z. B. Aufstellung und Ausrüstung der **SS-„Einsatzgruppen"**
- Einrichtung von **Sondergerichten** und des **„Volkgerichtshofs":** drastische Strafen bei geringen Vergehen, z. B. Verhängung der Todesstrafe für abfällige Bemerkungen über Hitler
  - Ernennung der Richter des „Volksgerichtshofs" durch Hitler persönlich → berüchtigtes Beispiel: **Roland Freisler** (seit 1942 Präsident des „Volksgerichtshofs"), der im Februar 1943 die Mitglieder der Widerstandsgruppe „Weiße Rose" in Schauprozessen zum Tode verurteilte
  - Verurteilungen ohne fairen Prozess
  - keine Möglichkeit, Revision einzulegen
- Ziel des Terrors:

– **Ausschaltung** politischer Gegner
– **Einschüchterung** der gesamten Bevölkerung durch demonstrative Härte
→ **kaum offene Kritik**, sondern Anpassung

Propaganda

- **Reichsministerium für Volksaufklärung und Propaganda** unter Joseph Goebbels:
  – Lenkung aller öffentlichen Informationen
  – Beeinflussung der Bevölkerung im Sinne der **NS-Ideologie**, v. a. über neue **Massenmedien** Rundfunk **(„Volksempfänger")** und Film
- Ansprache des Gefühls anstelle des Verstands: Erzeugung eines Gemeinschaftsgefühls durch **quasireligiöse Propaganda-Inszenierungen** mit Massenaufmärschen, Fahnen, Lichtinstallationen, Fackelzügen und Spruchbändern, z. B. Reichsparteitage in Nürnberg
- Kontrolle und Lenkung des gesamten **kulturellen Lebens**, z. B.:
  – **Bücherverbrennungen**
  – Verfolgung missliebiger Schriftsteller und Künstler
  – Erklärung von moderner zu „entarteter" Kunst
- **Monumentalarchitektur** als Ausdruck von Herrschafts- und Machtwillen
- Propagierung der **„Volksgemeinschaft"** als fiktive Schicksalsgemeinschaft ohne Klassenunterschiede zur **Inklusion** aller „Deutschblütigen" und **Exklusion** von „Gemeinschaftsfremden"
- Erschaffung des **Führermythos:** Hitler als vom Schicksal gesandter Führer und Retter
- **Erziehungsideale:**
  – „Heranzüchten" von Jungen zu kerngesunden und opferwilligen zukünftigen **Soldaten**
  – Erziehung von Mädchen zu **„gebärfreudigen" Müttern**
  → Vernachlässigung von Individualität, humanistischen Werten und wissenschaftlicher Bildung
- **Schulen im Dienst des Nationalsozialismus:**
  – Anpassung von Lehrplänen und Schulbüchern an NS-Ideologie
  – Fahnenappelle und NS-Feiern im Schulalltag
- ab 1936: verpflichtende Mitgliedschaft für alle Jugendlichen zwischen zehn und 18 Jahren im **Deutschen Jungvolk** (DJ), bei den **Jungmädeln** (JM), in der **Hitlerjugend** (HJ) und im **Bund Deutscher Mädel** (BDM)
  → Erzeugung eines Gemeinschaftsgefühls sowie Beeinflussung im Sinne der **NS-Ideologie** bei Erlebnisfahrten, Sportveranstaltungen und Militärübungen
- **NS-Erziehungsanstalten** (Napolas und Adolf-Hitler-Schulen) für neue NS-Führungselite

Auf einen Blick

außenpolitische Ziele: Eroberung von „Lebensraum“ im Osten und Herrschaft der „arischen Rasse“

revisionistische Phase (1933–1936)

→ Doppelstrategie

Friedensbeteuerungen
- Konkordat mit dem Vatikan
- Nichtangriffspakt mit Polen

Revision des Versailler Vertrags
- „Rückführung“ des Saarlands
- Einführung der allgemeinen Wehrpflicht
- Einmarsch der Wehrmacht ins entmilitarisierte Rheinland

expansionistische Phase (1937–1939)

→ Weg in den Zweiten Weltkrieg

Expansion des „Dritten Reichs“
- „Anschluss“ Österreichs und des Sudetenlands
- Zerschlagung der „Rest-Tschechei“

Reaktionen der Westmächte
- Appeasement-Politik
- Ende der Appeasement-Politik

Hitler-Stalin-Pakt und Überfall auf Polen
Ausbruch des Zweiten Weltkriegs

Hitlers außenpolitische Vorstellungen

- **Ziele:** Eroberung von „Lebensraum“ im Osten und Herrschaft der „arischen Rasse“
- **geplantes Vorgehen:** Annexion der Nachbarstaaten, Zerschlagung der Sowjetunion und Ausrottung des „jüdischen Bolschewismus“, Bündnis mit Japan und eventuell Großbritannien zur Vollendung der Weltherrschaft im Kampf gegen die USA
- Verfolgen einer **Doppelstrategie:** einerseits gezielte **Vertragsbrüche**, andererseits **Friedensbeteuerungen**, um das eigene Volk und Nachbarstaaten in Sicherheit zu wiegen und Zeit für Aufrüstung zu gewinnen (im Hintergrund von Anfang an **Kriegsvorbereitungen**)

Revisionistische Phase (1933–1936)

= **Aufhebung der Beschränkungen des Versailler Vertrags** (in Teilen Fortführung der Außenpolitik der Weimarer Republik), die Hitler mit Wunsch nach internationaler Gleichberechtigung rechtfertigt → Appeasement-Politik des westlichen Auslands zur Deeskalation aufgrund eigener innen- und wirtschaftspolitischer Schwierigkeiten

- 20. Juli 1933: **Konkordat** mit dem Vatikan → Prestigegewinn
- 14. Oktober 1933: **Austritt Deutschlands aus dem Völkerbund** als Demonstration der Stärke = Beginn der Revisionspolitik
- 26. Januar 1934: **Nichtangriffspakt mit Polen** → Demonstration des vorgeblichen eigenen Friedenswillens und Sicherheit vor polnischem Präventivschlag

- 1. März 1935: **„Rückführung" des Saarlands nach Volksabstimmung** gemäß dem Versailler Vertrag (große Mehrheit für „Rückkehr" ins Deutsche Reich) → innen- und außenpolitischer Prestigegewinn
- 16. März 1935: Einführung der **allgemeinen Wehrpflicht** entgegen den Bestimmungen des Versailler Vertrags, aber mit breiter Zustimmung im Volk → internationale Anerkennung durch **Flottenabkommen mit England** im Juni 1935: deutsche Kriegsmarine darf 35 % der englischen Stärke besitzen
- 7. März 1936: **Einmarsch der Wehrmacht ins entmilitarisierte Rheinland** entgegen der Bestimmungen des Versailler Vertrags und des Vertrags von Locarno, aber **keine Gegenwehr der Westmächte** abgesehen von verbaler Kritik und Verurteilung vor dem Völkerbund → enormer Prestigegewinn für Hitler und Bestärkung zu künftiger Expansionspolitik
- neue Bündniskonstellationen:
  - **„Achse Berlin-Rom"** (25. Oktober 1936): Bündnis zwischen Hitler und Mussolini → Machtverschiebung in Europa zugunsten der faschistischen Staaten
  - **Antikominternpakt** (25. November 1936): Bündnis mit Japan zur Bekämpfung des Kommunismus (1937 Beitritt Italiens) → zunehmende Aggressivität Deutschlands
  - 1936–1939: Unterstützung des faschistischen Generals Franco im **Spanischen Bürgerkrieg**

Expansionistische Phase (1937–1939)

= ideologisch geprägte **Radikalisierung der deutschen Außenpolitik** und Streben nach **Expansion** mithilfe eines Kriegs

- 1937 als Wendejahr: **„Hoßbach-Protokoll"** → Hitler nennt vor Spitzen der Wehrmacht und des Auswärtigen Amts Krieg als Mittel zur Gewinnung von „Lebensraum im Osten"
- März 1938: Forderung Hitlers an österreichischen Bundeskanzler Schuschnigg, Nationalsozialisten in Regierung aufzunehmen → Nachgeben Schuschniggs im **„Berchtesgadener Abkommen"**, aber Einleitung einer Volksabstimmung über Österreichs Unabhängigkeit → Forderung Hitlers, Schuschnigg durch NS-Führer Seyß-Inquart zu ersetzen → trotz Nachgeben Schuschniggs Einmarsch deutscher Truppen in Österreich **(„Anschluss" Österreichs)**
- **Sudetenkrise** 1938: Forderung Hitlers nach Selbstbestimmungsrecht der deutschen Minderheit im Sudetenland und Drohung mit Einmarsch in die Tschechoslowakei → **„Münchner Abkommen"** vom 30. September 1938: Frankreich, Großbritannien und Italien beschließen ohne Mitsprache der Tschechoslowakei Abtretung des Sudetenlands an Deutschland, um Lage zu stabilisieren und Krieg zu verhindern (Höhepunkt der **Appeasement-Politik**)
- 15. März 1939: Bruch des „Münchner Abkommens" durch Einmarsch deutscher Truppen in Prag (Ausnutzung von Interessengegensätzen zwischen Tschechen und Slowaken sowie Drohung mit Bombardierung Prags) → **„Zerschlagung der Rest-Tschechei"** und Errichtung des **„Protektorats Böhmen und Mähren"** → **Aufgabe der Appeasement-Politik** und Aussprache einer Sicherheitsgarantie für Polen durch Frankreich und Großbritannien
- April 1939: **Kündigung des deutsch-polnischen Nichtangriffsvertrags** durch Hitler unter einem Vorwand (Weigerung Polens, „Antikominternpakt" beizutreten)
- Mai 1939: Abschluss des **Stahlpakts** mit Italien
- 23. August 1939: **Hitler-Stalin-Pakt** mit geheimem Zusatzprotokoll (Verständigung über die Aufteilung Polens)
- 1. September 1939: Beginn des Zweiten Weltkriegs mit **deutschem Überfall auf Polen** nach fingierten Grenzzwischenfällen

Auf einen Blick

Ursachen und Anlass

- NS-Rassenideologie und „Lebensraumpolitik“
- Sozialdarwinismus → „Kampf ums Dasein“
- aggressive und expansive Außenpolitik Hitlers
- Anlass: deutscher Überfall auf Polen (1. 9. 1939)

Verlauf und globale Dimension des Kriegs

- „Blitzkriege“ der ersten Kriegsphase (1939–1941) → Eroberung Polens, Dänemarks, Norwegens und Frankreichs
- Kriegswende (1941–1943) → Kriegseintritt der USA → Kapitulation der 6. Armee in Stalingrad
- Totale Niederlage 1944/45 → „Schlacht um Berlin“ und bedingungslose Kapitulation

Begleiterscheinungen des Kriegs

- „Weltanschauungs-“ und Vernichtungskrieg
- „totaler Krieg“ mit Einbeziehung der Zivilbevölkerung
- enorme Opferzahlen

Ursachen und Anlass

- **NS-Rassenideologie:** Wunsch Hitlers nach **Eroberung von „Lebensraum“** im Osten für „arische Herrenrasse“ → Vertreibung, Ausbeutung und Vernichtung der dort lebenden, von den Nationalsozialisten als „minderwertig“ angesehenen Bevölkerung
- **Sozialdarwinismus mit „Kampf ums Dasein“** und „Recht des Stärkeren“ → Krieg als natürliches Mittel der Politik
- ab 1933: **Kriegsvorbereitungen** (Wiedereinführung der Wehrpflicht 1935 und Aufrüstung) und Expansionspolitik ab 1938 („Anschluss“ Österreichs und des Sudetenlands, Zerschlagung der „Rest-Tschechei“) → **Appeasement-Politik** der Westmächte → Ermutigung Hitlers zu weiteren Eroberungen
- **Anlass:** deutscher **Überfall auf Polen** am 1. September 1939 nach fingierten Grenzzwischenfällen → Kriegserklärungen Frankreichs und Großbritanniens an das Deutsche Reich (3. September 1939), zunächst ohne Eröffnung einer Westfront („Sitzkrieg“)

Verlauf und globale Dimension des Kriegs

„Blitzkriege“ der ersten Kriegsphase (1939–1941)

- September 1939: **Sieg der Wehrmacht** über Polen innerhalb von nur drei Wochen → **Aufteilung Polens** zwischen Hitler und Stalin gemäß dem Hitler-Stalin-Pakt: Eingliederung von Danzig, Posen, Westpreußen und Oberschlesien ins Reich und Bildung des „Generalgouvernements“
- April 1940: militärische **Besetzung Dänemarks und Norwegens**
- Mai 1940: Beginn der **Westoffensive** → Angriff auf die neutralen Länder Belgien, Niederlande und Luxemburg sowie Durchmarsch nach **Frankreich** (Kapitulation am 22. Juni 1940)
  - Errichtung einer eigenständigen, aber von Deutschland abhängigen **Kollaborationsregierung** im Süden **(„Vichy-Regime“)**
  - Besetzung Nordfrankreichs durch die Wehrmacht
- **Luftangriffe** auf englische Städte („Blitz“) zur Vorbereitung einer Invasion → erhebliche Verluste der deutschen Luftwaffe → Abbruch des erfolglosen **Luftkriegs um England**

- ab Februar 1941: Unterstützung der italienischen Verbündeten in Nordafrika durch Panzerkorps **(„Afrikakorps")** unter General Rommel → Vorstoß bis Ägypten
- Februar 1941: missglückter Feldzug Italiens auf dem Balkan und Besetzung Kretas durch britische Truppen → Gefährdung der für Hitler unentbehrlichen Erdölfelder Rumäniens → April 1941: Angriff sowie schnelle **Eroberung von Jugoslawien und Griechenland**

Kriegswende (1941–1943)

- 22. Juni 1941: **Überfall auf die Sowjetunion** (Bruch des Hitler-Stalin-Pakts) → schnelles Vorrücken, aber kein entscheidender Schlag gegen Rote Armee
- Aufruf Stalins zum **„großen vaterländischen Krieg"** und Mobilisierung aller verfügbaren Kräfte
- Dezember 1941: **Stopp des deutschen Vormarschs** vor Moskau durch harten Winter, lange Nachschubwege und sowjetischen Widerstand → Scheitern des „Blitzkriegs" im Osten
- 7. Dezember 1941: **japanischer Angriff auf** US-Flottenstützpunkt in **Pearl Harbor** → Kriegserklärung des mit Japan verbündeten Deutschen Reichs an die USA (bereits zuvor amerikanische Unterstützung der Alliierten durch Waffenlieferungen) → Ausdehnung des **Seekriegs** auf den Atlantik und des Kriegsgeschehens über gesamten Globus
- November 1942: Eröffnung einer zweiten Front in Marokko und Algerien durch die Westalliierten → **Kapitulation** der Deutschen **in Nordafrika**
- Januar 1943: **Kriegswende** durch Kapitulation der in **Stalingrad** eingeschlossenen 6. Armee mit Verlust von 300 000 Soldaten
- Juli 1943: Landung der Westalliierten auf **Sizilien** → Sturz Mussolinis und **Zurückdrängung der deutschen Truppen** in Italien

Totale Niederlage 1944/45

- 6. Juni 1944: **Landung der Alliierten in der Normandie** → Eröffnung einer zweiten Front in Europa → deutsche Niederlage nur noch Frage der Zeit
- massive Angriffe auf deutsche Rüstungszentren und Großstädte mit **Bomberverbänden** → hohe Zahl von Zivilopfern und furchtbare Zerstörungen durch **Bombenkrieg**
- Januar 1945: im Westen und Osten **Vordringen feindlicher Truppen** auf deutsches Gebiet
- April 1945: Einnahme der Hauptstadt Berlin durch feindliche Truppen **(„Schlacht um Berlin")** → **Selbstmord Adolf Hitlers** im „Führerbunker" (30. April 1945)
- 8./9. Mai 1945: **bedingungslose Kapitulation** der deutschen Streitkräfte, aber Weiterführung des Kriegs zwischen Japan und den USA im Pazifik
- 2. September 1945: endgültiges **Ende des Zweiten Weltkriegs** durch Kapitulation Japans nach **Atombombenabwürfen** auf Hiroshima und Nagasaki (6./9. August 1945)

Begleiterscheinungen des Kriegs

- **neue Dimension der Kriegsführung** in der Sowjetunion **(„Weltanschauungskrieg"): Vernichtungskrieg** mit brutalem Vorgehen gegen Zivilbevölkerung → rigorose Ausbeutung der besetzten Länder sowie Pogrome und Massaker gegen Juden **(Völkermord)**
- **„totaler Krieg":** Einbeziehen der **Zivilbevölkerung** in vorher unbekanntem Maß → rassisch begründete Vernichtungspolitik, Umsiedlungs- und Vertreibungsaktionen, Zwangsarbeit, Bombenangriffe, Kriegsverbrechen („totaler Krieg" nach Goebbels: Mobilisierung sämtlicher personeller und materieller Ressourcen für den **„Endsieg"**)
- **enorme Opferzahlen:** weltweit insgesamt zwischen 60 und 70 Millionen Kriegstote
- **Aufstieg der USA und der Sowjetunion** zu globalen Supermächten

Auf einen Blick

Diskriminierung und Entrechtung (1933 – 1937)
- „Judenboykott“
- „Arierparagraph“
- Nürnberger Gesetze

Ausweitung der Verfolgung (1938 – 1941)
- Reichspogromnacht → „Arisierung“
- „Aktion T4“
- Pogrome und Massaker
- erste Massendeportationen → Gettoisierung
- obligatorischer „Judenstern“

systematische Vernichtung (1942 – 1945)
- Wannsee-Konferenz: Koordination der organisatorischen Durchführung des Massenmords
- „Todesmärsche“

HOLOCAUST

Diskriminierung und Entrechtung (1933 – 1937)

- **Rassismus und Antisemitismus als Grundlage** für die Unterdrückung und Vernichtung als „minderwertig“ angesehener Bevölkerungsgruppen (Juden, Sinti und Roma, Behinderte, Homosexuelle) → **Isolierung und Diffamierung** der unerwünschten Personengruppen
- 1. April 1933: reichsweiter **Boykott** jüdischer Geschäfte
- 7. April 1933: „Gesetz zur **Wiederherstellung des Berufsbeamtentums**“ mit **„Arierparagraph“:** Ausschluss von missliebigen Personen (Oppositionelle, „Nichtarier“) aus dem Beamtentum → ähnliche Bestimmungen für andere Berufsgruppen, z. B. Ärzte oder Rechtsanwälte
- Juni 1933: Anordnung Görings, Gewaltakte und Morde an Juden nicht mehr zu bestrafen → **fehlender Rechtsschutz** für Juden
- 14. Juli 1933/1. Januar 1934: „Gesetz zur Verhütung erbkranken Nachwuchses“ → **Zwangssterilisationen** von Juden, Sinti und Roma sowie Erbkranken
- 10. September 1935: **Nürnberger Gesetze** → „Legalisierung“ des Ausschlusses der Juden (in Zusatzverordnungen auch der Sinti und Roma) aus der Gesellschaft
  - **„Reichsbürgergesetz“:** Einteilung der Gesellschaft in „Reichsbürger“ mit vollen Rechten und „Staatsangehörige“ (alle Personen mit mindestens einem jüdischen Elternteil) mit verminderten Rechten
  - **„Gesetz zum Schutze des deutschen Blutes und der deutschen Ehre“:** Verbot von „Mischehen“ und außerehelichem Geschlechtsverkehr zwischen Juden und Nichtjuden sowie Verbot der Beschäftigung von „Arierinnen“ unter 45 Jahren in jüdischen Haushalten
- **Verleumdungs- und Diffamierungskampagnen** im großen Stil in Presseorganen der Partei → trotzdem **relativ geringe Zahl an jüdischen Auswanderern** wegen Hoffnung auf Besserung der Lage oder starker Verwurzelung in deutscher Kultur
- Entzug der wirtschaftlichen Grundlagen und Verdrängung der Juden aus dem öffentlichen Leben durch zahlreiche weiterführende Maßnahmen und Gesetze, z. B. **Ausgangsverbote** oder **Besuchsverbot für öffentliche Einrichtungen** wie Theater, Kinos, Schwimmbäder oder Cafés

Ausweitung der Verfolgung (1938–1941)

- **Reichspogromnacht** („Reichskristallnacht") am 9./10. November 1938: nach Attentat eines Juden auf deutschen Diplomaten in Paris organisierte Zerstörung von Synagogen sowie von jüdischen Geschäfts- und Wohnhäusern; **Misshandlungen, Verhaftungen** und **Ermordungen** von Juden → Schließung sämtlicher jüdischer Geschäfte und **„Arisierung"** jüdischen Besitzes, Zwang der Juden zur Zahlung von einer Milliarde Reichsmark als „Sühneleistung" für entstandene Schäden → **Ausgrenzung der Juden aus dem Wirtschaftsleben** = Ruin für viele Familien
- ab Januar 1940: **„Aktion T4"** = Ermordung von Menschen mit geistiger oder körperlicher Behinderung als „lebensunwertes Leben" in speziellen Tötungsanstalten („Euthanasie") mit ca. 200 000 Opfern → August 1941: offizielle Einstellung des „Euthanasie"-Programms (vielleicht aufgrund von Protesten einiger Bischöfe und Angehörigen), aber Fortsetzung im Geheimen
- seit Beginn des Zweiten Weltkriegs: zahlreiche **Pogrome** (gewalttätige Ausschreitungen) und **Massaker** (Massenerschießungen) in Polen durch SS, Polizeieinheiten und Wehrmacht
- Zweiter Weltkrieg als **Weltanschauungs- und Vernichtungskrieg** → unterschiedlicher **Umgang mit Bevölkerung in eroberten Ländern:**
  - **West- und Nordeuropa:** Einbindung der „germanischen" Bevölkerung in NS-Herrschaft, z. B. Zusammenarbeit mit einheimischen Kollaborateuren in Frankreich **(„Vichy-Regime")**
  - **Osteuropa:** gnadenlose **Unterwerfung, Ausbeutung und Vernichtung** der als „minderwertig" betrachteten Zivilbevölkerung
- **Ausweitung der Vernichtung mit fortschreitendem Kriegsverlauf** und Eroberungen
- ab Mai 1940: massenhafte **Deportationen von Sinti und Roma** in besetztes Polen
- ab Juni 1941: **Massenerschießungen** (vereinzelt schon seit Beginn des Kriegs) und Tötungen von Juden, Sinti und Roma, Kriegsgefangenen und Kommunisten in besetzten Gebieten der Sowjetunion durch Autoabgase in LKWs (durchgeführt von **„Einsatzgruppen"**)
- September 1941: öffentliche Stigmatisierung der Juden durch Zwang zum Tragen des **„Judensterns"** und erstmaliger Einsatz des Giftgases **Zyklon B** in Auschwitz
- ab Oktober 1941: **Massendeportationen** deutscher Juden sowie von Juden aus besetzten Gebieten nach Polen → **Gettoisierung**, z. B. in Warschau oder Lodz, oder sofortiger Transport in Konzentrations- und Vernichtungslager
- November 1941: **Auswanderungsverbot** für Juden, die damit letzte Chance verlieren, der Ermordung zu entkommen → endgültige **Aufgabe des „Madagaskarplans"** von 1940 (Deportation europäischer Juden nach Madagaskar) sowie anderer „Umsiedlungspläne"

Systematische Vernichtung (1942–1945)

- 20. Januar 1942: **Wannsee-Konferenz** unter Leitung des SD-Chefs Reinhard Heydrich zur Koordination der **„Endlösung der Judenfrage"** = systematische und industriell betriebene Vernichtung der Juden mit Gas, aber auch durch harte und gefährliche Zwangsarbeit **(„Vernichtung durch Arbeit")**, Folter, medizinische Experimente und unmenschliche Lebensbedingungen in Vernichtungslagern **Auschwitz**, Belzec, Chelmno, Majdanek, Sobibor oder Treblinka (Vollzug der Vernichtung außerhalb Deutschlands, um Völkermord möglichst geheimzuhalten)
- April 1943: bewaffneter **Aufstand im Warschauer Getto** → brutale Niederschlagung und Vernichtung aller Beteiligten durch die SS
- ab 1944: Räumung der Lager im Osten wegen vorrückender Ostfront → **„Todesmärsche"**
- 27. Januar 1945: **Befreiung des KZs Auschwitz** durch sowjetische Truppen als Ende des Massenmords an ca. sechs Millionen Juden (**„Holocaust"**, in jüdischer Tradition **„Shoa"**)

Auf einen Blick

Stufen abweichenden Verhaltens im „Dritten Reich“

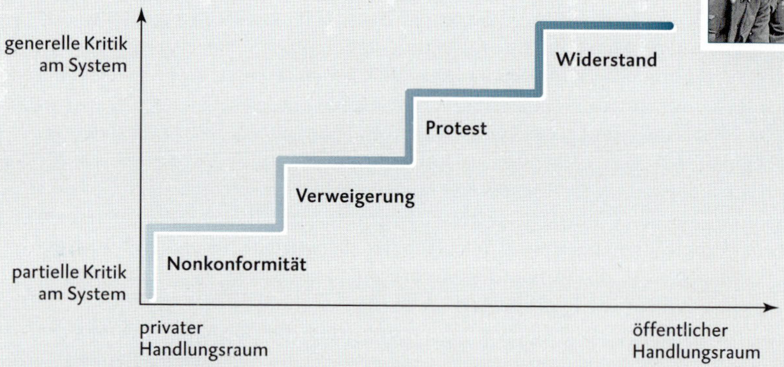

Widerstandsbegriff

- **Begriff ist nicht eindeutig**, sondern umfasst **unterschiedliche Formen der Gegnerschaft** zum Nationalsozialismus
- **Stufenmodell nach Peukert** (siehe Schaubild)
- **Widerstand im engeren Sinn:** organisierte Aktionen zum Sturz des NS-Regimes oder zumindest zu dessen Bekämpfung, die mit großen Gefahren für das eigene Leben verbunden sind → relativ kleiner Kreis von wirklichen Widerstandskämpfern in Deutschland
- **Widerstand im weiteren Sinn („Opposition“):** alle grundsätzlichen Haltungen, die von geforderten NS-Normen abweichen und sich gegen totalen Herrschaftsanspruch des Nationalsozialismus wenden, ohne das System insgesamt infrage zu stellen
  → „**Dissens**“, „**Verweigerung**“ **oder** „**weltanschauliche Dissidenz**“**:** passive persönliche Gefühle der Gegnerschaft, die nicht unbedingt in Aktionen münden, sich aber in spontanen Formen der Kritik an Einzelaspekten des Nationalsozialismus äußern können → weite Verbreitung in der Gesellschaft
- **Gegenhaltungen** zu Widerstand: „**Konsens**“, „**Zustimmung**“ **und** „**Kollaboration**“

Unterstützung und Anpassung

- nationalsozialistische Diktatur von Mehrheitsgesellschaft getragen („**populäre Zustimmungsdiktatur**“ nach Götz Aly)
- März 1933: Erlass der „**Heimtücke-Verordnung**“ (Bestrafung jeglicher Kritik an NS-Staat oder NS-Politik mit Gefängnis) → Verstummen kritischer Stimmen und weitgehende **Anpassung** an die neue Situation **aus Furcht vor Repressionen**
- 1933–1939: **wachsende Zustimmung** in der Bevölkerung → **Gründe:**
  - **wirtschaftlicher Aufschwung** und Gewährleistung von Ordnung und Stabilität
  - Vorteile durch Entrechtung der jüdischen Bevölkerung („**Arisierung**“)
  - außenpolitische Erfolge Hitlers: **Revision des Versailler Vertrags**

  - weite Verbreitung eines **latenten Antisemitismus** → stillschweigende Akzeptanz der Judenverfolgung, auch wenn Ausschreitungen teilweise auf Missbilligung stoßen
  - nach Wehler: **übersteigerter Nationalismus** mit Wurzeln im 19. Jahrhundert (Auserwähltheitsglaube, Glorifizierung der Vergangenheit, Überzeugung von welthistorischer Bedeutung Deutschlands → Glaube an **charismatische Führerpersönlichkeit Hitlers**)
  - nach Götz Aly: Versprechen eines egalitären „Volksstaats" („**Wohlfühl-Diktatur**") als Grund für Zustimmung, danach Radikalisierung und aggressive Eigendynamik des Nationalsozialismus → **Bereicherung der gesamten Bevölkerung an Judenvernichtung**
- **Kriegsausbruch** 1939 und **Kriegswende** 1941/42: **Zäsuren in der Popularität des Regimes**, aber dennoch kaum Widerstand im engeren Sinn gegen NS-Herrschaft wegen eklatanter Verschärfung der Gesetze gegen Kritiker (Bezeichnung von Widerstand als „Wehrkraftzersetzung", „Hochverrat")
- Erklärungsversuche für **aktive Unterstützung und Beteiligung an NS-Verbrechen:**
  - Holocaust als bürokratische Vernichtungsmaschinerie mit großer Anzahl von **Schreibtischtätern** → Behauptung, nur **Befehlsempfänger** gewesen zu sein und seine Arbeit ohne Wissen von dem großen Ganzen getan zu haben
  - Heranziehen sozialpsychologischer Erklärungsmuster, z. B. **Umwertung von Werten** aufgrund von **Gruppendruck**

Motive für Widerstand

- **moralische Bedenken:** Glaube an ethische Grundnormen als Widerspruch zur NS-Ideologie → Widerstand von christlicher Seite
- Ablehnung von Hitlers nationalistischem und imperialistischem Konzept, das im **Widerspruch zu Sozialismus**, Klassenkampf und Weltrevolution steht → Widerstand von Kommunisten und Sozialdemokraten im Untergrund (zahlenmäßig größte Widerstandsgruppe)
- **Missachtung von Grund- und Menschenrechten** sowie demokratischen Prinzipien durch NS-Führung → Widerstand von liberaler Seite
- **Missbrauch traditioneller Werte** wie Ehre, Deutschtum und Vaterland durch das NS-Regime → Widerstand von Konservativen
- **drohende Kriegsniederlage** → Widerstand von militärischer Seite

Formen des Widerstands (Beispiele)

- meist **Einzelaktionen ohne Verbindungen der Widerstandsgruppen untereinander** aufgrund des hohen Risikos von Verrat sowie unterschiedlicher Motive der Oppositionellen
- **nonkonformes Freizeitverhalten**, z. B. Tragen unerwünschter Kleider, Hören von „undeutscher" Musik (z. B. „Edelweißpiraten", „Swing-Jugend")
- **„stiller Widerstand"**, z. B. Unterstützung jüdischer Nachbarn oder Verstecken von Verfolgten
- **„innere Emigration"** mit zivilem Ungehorsam und gesellschaftlicher Verweigerung
- Verteilung von **Flugblättern** oder Schreiben von **Parolen** an Hauswände, z. B. „Weiße Rose"
- Abhören **ausländischer Radiosender** oder Verbreitung **regimekritischer Nachrichten**
- **Sabotageakte** in Rüstungsbetrieben
- **Protest** gegen Aktionen und Maßnahmen des Regimes, z. B. Demonstration „arischer" Frauen für ihre verhafteten jüdischen Ehemänner vor provisorischem Gefängnis in Berliner Rosenstraße
- **Attentate auf Hitler** von Einzelpersonen (z. B. Georg Elser) oder Verschwörergruppen (z. B. Gruppe von Militärs um Stauffenberg)

Auf einen Blick

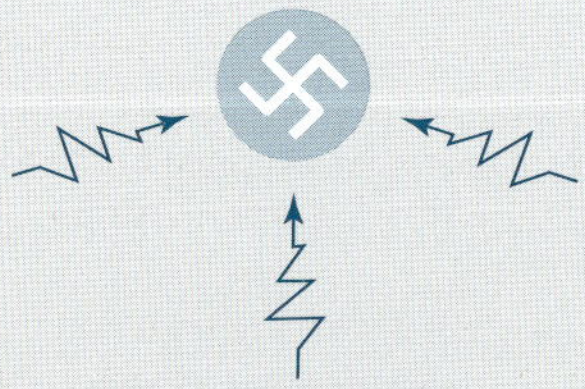

kirchlicher Widerstand

- kein Widerstand der Amtskirchen
- Widerstand einzelner Katholiken, z. B. gegen „Euthanasie“
- Widerstand von protestantischer Seite, z. B. „Bekennende Kirche“

Jugendopposition und studentischer Widerstand

- „Edelweißpiraten“
- „Swing-Jugend“
- „Weiße Rose“

militärischer Widerstand

- moralisches Dilemma wegen Vereidigung auf Hitler
- 1938/39: gescheiterte Umsturzversuche
- 20. Juli 1944: gescheitertes Sprengstoff-Attentat Stauffenbergs

Kirchlicher Widerstand

- kein politischer Widerstand der Amtskirchen als Ganzes: „Gleichschaltung“ der evangelischen Kirche mithilfe der **„Glaubensbewegung Deutscher Christen“** und politisches Ruhigstellen der katholischen Kirche durch das **Konkordat mit dem Vatikan** (20. Juli 1933)
- **Widerstand einzelner Katholiken:**
  - 1937: päpstliches **Rundschreiben „Mit brennender Sorge“ von Papst Pius XI.** gegen NS-Ideologie
  - 1941: öffentliche Verurteilung der Tötung Kranker und Behinderter durch **Graf von Galen (Bischof von Münster)** → eventuell ein Grund für offizielle Einstellung des „Euthanasie“-Programms
  - **Anklagen der Judenverfolgung** und des Nationalsozialismus **durch einzelne Geistliche** (Berliner Dompropst Lichtenberg, Pater Rupert Mayer aus München, Priester Max Josef Metzger), aber kein öffentlicher Protest der Amtskirche gegen Judenverfolgung
  - Beteiligung der Jesuitenpater **Alfred Delp und Augustin Rösch** an Widerstandsgruppe des **Kreisauer Kreises** und Mitarbeit an **Entwurf einer christlichen Sozialordnung** für besseres Deutschland → Verhaftung 1944 und Hinrichtung Delps 1945
- **Widerstand von protestantischer Seite:**
  - 1933: Zusammenschluss von einem Drittel der evangelischen Pfarrer im **„Pfarrernotbund“** → Ablehnung von Zusammenarbeit mit dem NS-Regime (Initiator **Martin Niemöller:** Verhaftung und Konzentrationslager bis 1945)
  - 1934: Hervorgehen der **„Bekennenden Kirche“** aus „Pfarrernotbund“ mit Bekenntnis zu Grundsätzen der Bibel und Verwerfen von „Irrlehren“ der „Deutschen Christen“ (**„Barmer Theologische Erklärung“** gegen Totalitätsanspruch des NS-Staats) → Erfolg: Wiedereinsetzung von vorher aus dem Amt enthobenen Bischöfen, aber kein aktiver politischer Widerstand von „Bekennender Kirche“
  - politisches Engagement **einzelner protestantischer Christen** gegen NS-Regime, z. B. Theologe **Dietrich Bonhoeffer** (Kontakt zum Goerdeler-Kreis, Hinrichtung 1945 im KZ Flossenbürg)

Jugendopposition und studentischer Widerstand

- **Jugendopposition:** Flucht vor totalitärem Erziehungsanspruch des NS-Regimes durch Gründung oppositioneller Gruppen, ohne damit politisches Konzept zu verfolgen (**„Nonkonformität“, „Verweigerung“**) → dennoch Zerschlagung der Gruppen durch die Gestapo und überzeugte Anhänger der Hitlerjugend; Verhaftungen und Hinrichtungen
- **„Edelweißpiraten“:**
  - **soziale Herkunft:** Arbeitermilieu, v. a. im Rhein-Ruhr-Gebiet
  - **Motive:** Ablehnung des Zwangscharakters, des Drills und der Militarisierung der Hitlerjugend; Schaffung eines Freiraums sowie einer eigenen Jugendkultur und Identität
  - **Widerstandshandlungen:** Tragen einer eigenen Kluft; Treffen und Fahrten außerhalb der HJ
- **„Swing-Jugend“:**
  - **soziale Herkunft:** Mittelstand, gehobenes Bürgertum, v. a. in Hamburg
  - **Motive:** Schaffung eines autonomen Lebensbereichs; Etablierung einer Gegenkultur zur Hitlerjugend; Abgrenzung vom normierten Alltag des NS-Systems
  - **Widerstandshandlungen:** Pflegen eines amerikanisierten Lebensstils; Verwendung von Anglizismen; Hören von Swingmusik; Orientierung an amerikanischer und englischer Mode
- **„Weiße Rose“** um Hans und Sophie Scholl, Alexander Schmorell, Willi Graf und Christoph Probst an der Universität München als bekannteste studentische Widerstandsgruppe:
  - **soziale Herkunft:** konservativ-bürgerliches Milieu
  - **Motive:** Widerspruch der NS-Ideologie zu christlichen Werten; persönliche Überzeugungen und negative Erfahrungen mit NS-Regime; politisch motivierte Überzeugung, gegen verbrecherisches System Widerstand leisten zu müssen
  - **Widerstandshandlungen:** Verteilen von Flugblättern (zunächst Aufruf zum passiven Widerstand, später auch zum Sturz des Regimes) → Denunziation, Verhaftung und Hinrichtung 1943

Militärischer Widerstand

- **Reichswehr** als eine der Stützen des NS-Regimes, u. a. wegen Karriere- und Einflussmöglichkeiten durch Aufrüstungspolitik; Erschweren von militärischem Widerstand durch **moralisches Dilemma: Vereidigung der Soldaten auf Hitler** → Rebellion gegen das Staatsoberhaupt als Widerspruch zu Ehrauffassung und Pflichtgefühl eines Offiziers
- 1937: erste **Opposition von hohen Militärs** bei Bekanntwerden des Ausmaßes von Hitlers Kriegsplänen → **Entlassung des Kriegsministers von Blomberg und Generals von Fritsch** → Unterstellung der Wehrmacht unter Hitlers Oberbefehl
- 1938/1939: **Scheitern verschiedener Umsturzversuche** der verbliebenen militärischen Opposition, die Ausbruch bzw. Ausweitung des Kriegs verhindern will (Gründe für Scheitern: Appeasement-Politik der Westmächte und militärische Erfolge der ersten Kriegsjahre)
- 1942: Erschütterung des Ansehens Hitlers bei der Bevölkerung nach **Kriegswende** → Bereitschaft mehrerer Offiziere zum Attentat auf Hitler (u. a. Generaloberst Beck): **Tyrannenmord,** um Verbrechen des NS-Regimes zu beenden, aber keine Ausführung der geplanten Anschläge
- 1944: Bereitschaft des Obersts **Claus Schenk Graf von Stauffenberg**, **Sprengstoff-Attentat** auf Hitler durchzuführen → Vorbereitung des Anschlags und des zeitgleichen politischen Umsturzes (**„Operation Walküre“**) → **Bombenanschlag** am 20. Juli 1944 im Führerhauptquartier „Wolfsschanze“, aber Überleben Hitlers → **Zusammenbrechen des Umsturzversuchs** → Verhaftung und sofortige Erschießung oder Verurteilung und Hinrichtung der neu zusammengestellten Regierung und anderer Beteiligter in aufwendigen Schauprozessen

Deutschland von der Teilung zur Einheit

Auf einen Blick

Besatzungspolitik im Kontext des entstehenden Ost-West-Konflikts

Mai 1945: bedingungslose Kapitulation → Aufteilung Deutschlands in vier Besatzungszonen

Zerbrechen der Anti-Hitler-Koalition an unterschiedlichen Nachkriegsvorstellungen der Alliierten

Westzonen

- Unterstützung von raschem Wiederaufbau → Zusammenschluss der britischen und amerikanischen Zone zur Bizone
- Marshallplan
- Währungsreform mit Einführung der D-Mark → Trizone
- Überreichung der Frankfurter Dokumente → Ausarbeitung eines Grundgesetzes durch Parlamentarischen Rat

Gründung der Bundesrepublik Deutschland am 23. Mai 1949

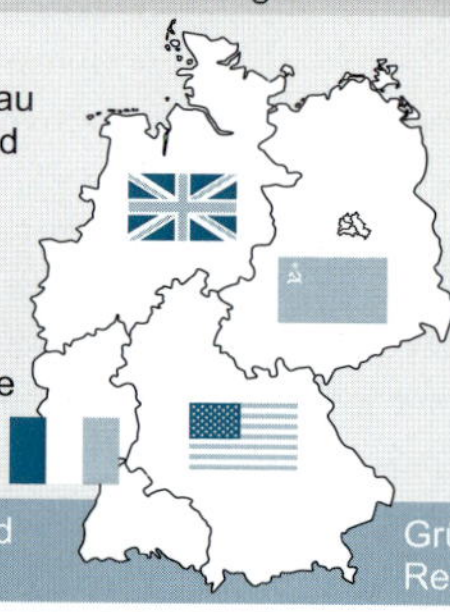

SBZ

- umfangreiche Demontagen
- Sozialisierungspolitik und Austritt der Sowjetunion aus Alliiertem Kontrollrat
- Einführung der Ostmark und Berlin-Blockade

Gründung der Deutschen Demokratischen Republik (DDR) am 7. Oktober 1949

Pläne der Alliierten für die Nachkriegszeit

Die Konferenz von Jalta (4. bis 11. Februar 1945)

- **Teilnehmer:** Churchill (GB), Roosevelt (USA), Stalin (UdSSR)
- **Ausgangsbedingungen:** sichere deutsche Niederlage, ABER: Zögern Roosevelts, Offensive im Westen voranzutreiben ↔ **Erfolge der sowjetischen Offensive** an der Oder → Besetzung eines Großteils der osteuropäischen Gebiete durch die Rote Armee und **Beginn mit politischer Neuordnung** nach sowjetischen Vorstellungen → Zugeständnisse der Westmächte an Stalin
- **Regelungen und Beschlüsse:**
  - Beschluss zur Aufteilung Deutschlands in **vier Besatzungszonen**
  - „Erklärung über das befreite Europa“: **Aufbau demokratischer Strukturen** in allen befreiten Gebieten Europas, ABER: in Polen bereits von Stalin geschaffene „Provisorische Regierung“
  - Verpflichtung Deutschlands zu **Reparationen**
  - **Westverschiebung Polens** auf Kosten Deutschlands

Die Konferenz von Potsdam (17. Juli bis 2. August 1945)

- **Teilnehmer:** Churchill (GB, abgelöst durch Attlee nach Wahlniederlage), Stalin (UdSSR), Truman (USA)
- **Ziele:** Beseitigung der NS-Diktatur, Schaffung einer europäischen Nachkriegsordnung, ABER: **unterschiedliche Nachkriegsvorstellungen** innerhalb der Anti-Hitler-Koalition → Vertagung der Lösung kontroverser Fragen
- **Regelungen und Beschlüsse:**
  - Aufteilung Deutschlands in **vier Besatzungszonen**
  - **„5 D“:** Denazifierung, Demilitarisierung, Demokratisierung, Demontage, Dezentralisierung
  - **Reparationsleistungen** ohne genaue Festlegung von Art und Höhe (Hauptanteil für UdSSR)
  - **Gebietsabtretungen** an die UdSSR (nördliches Ostpreußen) und Polen (bis zur Oder-Neiße-Linie)
- **Bedeutung:** Potsdamer Abkommen als **Kompromiss** → uneinheitliche Umsetzung der Bestimmungen

Besatzungszeit (1945–1949)

- Mai 1945: **bedingungslose Kapitulation** der Wehrmacht → Aufteilung Deutschlands in vier **Besatzungszonen** (Besatzungsmächte: USA, Großbritannien, Frankreich und die Sowjetunion)
- **unterschiedliche Vorstellungen** der Besatzungsmächte in Bezug auf Deutschland:
  - **USA:** Schaffung eines starken Weststaats als Bollwerk gegen sowjetische Expansion
  - **Sowjetunion:** Streben nach neutralem Gesamtdeutschland
- **wirtschaftliche Auseinanderentwicklung:** umfangreiche **Demontagen** in französischer und sowjetischer Besatzungszone ↔ Streben nach raschem **Wiederaufbau** in britischer und amerikanischer Besatzungszone → 1. Januar 1947: Zusammenschluss zur **Bizone**
- Unterstützung der Westzonen durch **Marshallplan** zum Wiederaufbau Europas → Angebot von Geldern an die SBZ, aber Ablehnung von Unterstützungsgeldern durch die Sowjetunion, stattdessen **Sozialisierungspolitik** (Enteignung von Großgrundbesitz und Schwerindustrie) und **Austritt der Sowjetunion aus dem Alliierten Kontrollrat**
- endgültiges **Scheitern einer gemeinsamen Deutschland-Politik** durch **Währungsreform** mit Einführung der **D-Mark** in den Westzonen (20. Juni 1948) → **Trizone** (Beitritt Frankreichs zur Bizone) → Einführung der **Ostmark** in der SBZ (23. Juni 1948) und **Berlin-Blockade**
- 1. Juli 1948: Überreichung der **Frankfurter Dokumente** an westdeutsche Ministerpräsidenten durch westliche Militärgouverneure, die zur Wahl einer verfassunggebenden Versammlung und Gründung eines demokratischen Bundesstaats auffordern → Ausarbeitung eines **Grundgesetzes als Provisorium** durch den Parlamentarischen Rat, um deutsche Spaltung nicht durch Verfassung zu zementieren: **Gründung der Bundesrepublik Deutschland** am 23. Mai 1949
- 7. Oktober 1949: **Gründung der Deutschen Demokratischen Republik (DDR)** als Reaktion auf die Weststaatsgründung

Entstehung des Kalten Kriegs

- Zweckbündnis zwischen USA und UdSSR zur Bekämpfung des „Dritten Reichs", danach aber schwere Differenzen beider Staaten → Verschärfung des **Gegensatzes zwischen kapitalistischem und kommunistischem System** → Wettlauf der Siegermächte um Einflusssphären
- 1945–1948: Einrichtung kommunistischer Regime in allen durch die Rote Armee besetzten Staaten Osteuropas **(Sowjetisierung)** → **Truman-Doktrin** (März 1947): Ablehnung einer weiteren Ausdehnung des sowjetischen Machtbereichs durch die USA
  - militärische Drohung der damals noch alleinigen Atommacht USA
  - Wirtschaftshilfe zur Stabilisierung der europäischen Staaten (**Marshallplan** 1948) und zur Eindämmung der sowjetischen Expansion **(Containment)** → Formulierung der **Zwei-Lager-Theorie** durch Shdanow (Parteisekretär der KPdSU): imperialistisches, antidemokratisches Lager (USA) vs. antiimperialistisches, demokratisches Lager (UdSSR)
- **Berlin-Blockade** (1948): Blockierung aller Zufahrtswege nach Westberlin durch sowjetische Truppen, um Westmächte zur Aufgabe der Stadt zu zwingen → Einrichtung einer Luftbrücke zur Versorgung der Westberliner Bevölkerung **(„Rosinenbomber")** → 1949: Ende der Blockade
- 1955: Gründung des **Warschauer Pakts** als östliches Gegenstück zur **NATO** (gegründet 1949) → unversöhnliche Frontstellung der beiden Machtblöcke **(„Eiserner Vorhang")**, aber keine unmittelbaren militärischen Auseinandersetzungen **(Kalter Krieg)**, stattdessen Wettrüsten, Propagandafeldzüge und **Stellvertreterkriege**
- stabile Lage innerhalb der aufgeteilten Welt durch **„Gleichgewicht des Schreckens":** atomares Patt zwischen den USA und der UdSSR

Auf einen Blick

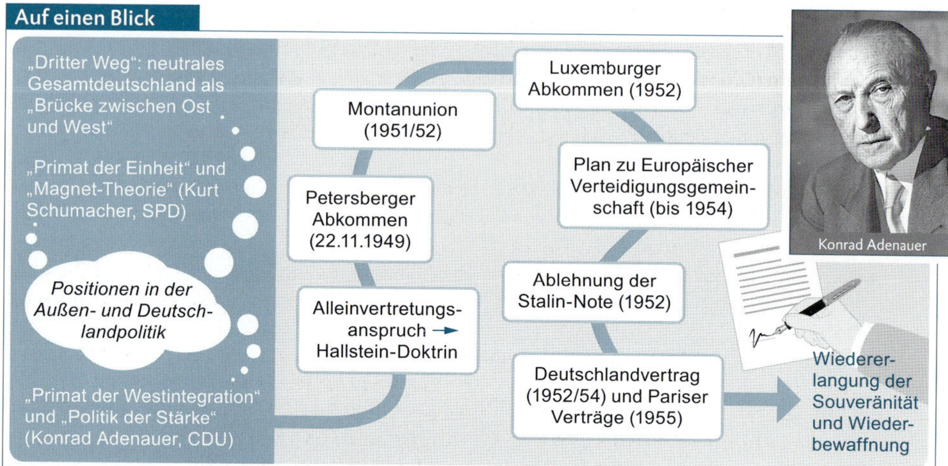

Konrad Adenauer

Positionen in der Außen- und Deutschlandpolitik

Zuspitzung des **Ost-West-Gegensatzes** → Notwendigkeit für **Bundesrepublik**, sich außenpolitisch zu positionieren → Erwägung verschiedener **Optionen:**

- **„Dritter Weg“** einer Gruppe um Jakob Kaiser (CDU): **Deutschland** als **„Brücke zwischen Ost und West“** durch Verbindung des „christlichen Sozialismus“ mit Marxismus als Alternative zu Kapitalismus und Kommunismus → Schaffung eines geeinten und neutralen Deutschlands
- Forderung eines **„Primats der Einheit“** durch SPD um Kurt Schumacher: Bildung eines westeuropäischen Blocks demokratisch-sozialistischer Staaten mit Westdeutschland → Wirkung dieses Blocks als „Magnet“ auf SBZ aufgrund ökonomischer Stärke **(„Magnet-Theorie“)**
- Forderung eines **„Primats der Westintegration“** durch Gruppe um Adenauer: Streben nach Wiedererlangung der vollständigen **Souveränität durch Wiederbewaffnung und Westintegration** (an Westmächten orientierter deutscher Weststaat als Gravitationszentrum für **spätere Wiedervereinigung**) → Argumentation Adenauers:
  - Einigung Europas dient französischen Sicherheitsinteressen → **Aussöhnung mit Frankreich**
  - Möglichkeit für Deutschland, **Isolation** zu **entkommen**
  - wirtschaftliche und politische Stärke des Westens als „Magnet“ für den Osten = Abwandlung von Schumachers „Magnet-Theorie“ zu **„Politik der Stärke“**

Schritte und Hindernisse auf dem Weg zur Westintegration

- **Ziel** der Bundesregierung: Wiedererlangung der politischen Handlungsfreiheit und der **vollständigen Souveränität** durch Westbindung
- **Alleinvertretungsanspruch** als Ausgangspunkt: alleinige Befugnis der Bundesrepublik, für deutsches Volk zu sprechen → **Hallstein-Doktrin** (1955): Ablehnung von Beziehungen zu Drittstaaten, die DDR anerkennen
- **Petersberger Abkommen** (22. November 1949): Bundesrepublik kann internationalen Organisationen beitreten und konsularische Beziehungen zu anderen Staaten aufnehmen → Beitritt zur **OEEC** (1949) und zum **Europarat** (1951 als vollgültiges Mitglied)

- Gründung der **Europäischen Gemeinschaft für Kohle und Stahl** (**EGKS**, genannt Montanunion 1951/52): gemeinsame Politik auf Gebiet der Schwerindustrie, um geheime Aufrüstung zu verhindern (Gründungsmitglieder: Frankreich, Bundesrepublik, Italien, Benelux-Staaten)
- **Annäherung** der Bundesrepublik **an Staat Israel**, um Westintegration voranzutreiben → Vereinbarung von „Wiedergutmachungszahlungen" an Holocaustüberlebende in **Luxemburger Abkommen** von 1952
- Beginn des **Koreakriegs** (1950): Verstärkung des **Gefühls der Bedrohung** durch die Sowjetunion → **Vorschlag** der USA, **Bundesrepublik in NATO einzubinden** ↔ **Unvereinbarkeit mit Sicherheitsinteressen** Frankreichs und Großbritanniens
- Plan des französischen Ministerpräsidenten René Pleven zur Gründung einer **Europäischen Verteidigungsgemeinschaft** (EVG), ABER: **Scheitern** an französischer Nationalversammlung (1954)
- **Stalin-Note** von 1952: vermeintliches und bis heute kontrovers diskutiertes Angebot Stalins, Wiedervereinigung eines neutralen Gesamtdeutschlands zu akzeptieren
  ABER: von Adenauer und Westmächten vorwiegend als **Störmanöver gegen Westintegration** und Wunsch nach Machtausweitung der Sowjetunion auf ganz Deutschland interpretiert
  → **Ablehnung:** Vorrang der Integration der Bundesrepublik in die westliche Gemeinschaft
- **Volksaufstand in der DDR** am 17. Juni 1953 als Bestätigung für Sicherheitskonzept gegenüber der Sowjetunion → 17. Juni als „Symbol der **deutschen Einheit in Freiheit**" (Ziel Adenauers), ABER: kein aktives Eingreifen im Osten, um Westintegration nicht zu gefährden → **Vorwurf** der Kritiker Adenauers: **Aufgabe der Wiedervereinigung** für Westintegration

Wiedererlangung der Souveränität und Westintegration

- **Deutschlandvertrag** (1952/54) über Wiedergewinnung der **Souveränität** (Ende des Besatzungsstatuts) in Bezug auf Innen- und Außenpolitik im Zusammenhang mit geplantem deutschen Verteidigungsbeitrag, ABER: **Scheitern der EVG** → **Übernahme** der Vertragsbestimmungen **in Pariser Verträge** (1955)
- **Wunsch** Großbritanniens und der USA **nach Aufnahme der Bundesrepublik in die NATO** ↔ **Bedingung Frankreichs:** Beteiligung der Bundesrepublik an Brüsseler Vertrag von 1948 **(Verpflichtung auf Rüstungskontrolle)** und Aushandlung eines europäischen Statuts für das Saarland
- **Londoner Konferenz** (28. September bis 3. Oktober 1954) von USA, Frankreich, Großbritannien, den Benelux-Ländern, Italien, Kanada und der Bundesrepublik mit Vertragsbeschlüssen in Paris → **Pariser Verträge** (1955 vom Bundestag ratifiziert):
  - **Verträge zwischen der Bundesrepublik und Frankreich** zur Beilegung von Streitfragen und Vereinbarung des Saarstatuts (1957 nach Volksabstimmung Beitritt des Saarlands zur Bundesrepublik)
  - Neufassung des Deutschlandvertrags: **Beendigung der Besatzung** und Herstellung der vollen **Souveränität** der Bundesrepublik, ABER: ausschließliche Zuständigkeit der Alliierten für Deutschland als Ganzes und für Berlin (aufgehoben erst 1990)
  - Beitritt Deutschlands und Italiens zum **Brüsseler Vertrag**, der zur **Westeuropäischen Union** (WEU) erweitert wird
  - Beitritt der Bundesrepublik zur **NATO** → (innenpolitisch stark umstrittene) **Wiederbewaffnung** Westdeutschlands und Gründung der Bundeswehr (1956)

Auf einen Blick

Moskauer Vertrag (12.8.1970)
- Bundesrepublik – UdSSR
- Gewaltverzicht
- Unverletzlichkeit der Grenzen

Warschauer Vertrag (7.12.1970)
- Bundesrepublik – Polen
- Achtung der bestehenden Grenzen (Oder-Neiße-Linie)

Viermächteabkommen (3.9.1971)
- USA, GB, Frankreich, UdSSR
- freier Transitverkehr
- Status Westberlins

Bundesrepublik (und Westalliierte) – **DDR (und Sowjetunion + Ostblockstaaten)**

Transitabkommen (17./20.12.1971) **Verkehrsvertrag** (26.5.1972)
- Bundesrepublik – DDR
- Erleichterungen im Personen-und Güterreiseverkehr

Grundlagenvertrag (21.12.1972)
- Bundesrepublik – DDR
- Aufgabe des Alleinvertretungsanspruchs
- gutnachbarliche Beziehungen

Prager Vertrag (17.12.1973)
- Bundesrepublik – Tschechoslowakei
- Verzicht auf Gebietsansprüche
- Aufnahme diplomatischer Beziehungen

Vorgeschichte

- Oktober 1962: nach **Beilegung der Kuba-Krise** Tauwetterperiode in Ost-West-Beziehungen → zunehmend **schwieriger**, **Hallstein-Doktrin** (Sanktionen gegen Drittstaaten, die diplomatische Beziehungen zur DDR unterhalten, um DDR zu isolieren) **aufrechtzuerhalten**
- **Große Koalition** (1966–1969) unter Kurt Georg Kiesinger (CDU): **Öffnung der Politik nach Osten**, ohne DDR als Staat anzuerkennen → Ziel: menschliche Erleichterungen schaffen
- 1960er-Jahre: programmatische **Annäherung von SPD und FDP** und gemeinsamer Bundestagswahlkampf 1969 unter dem Motto **„Mehr Demokratie wagen!"** → Streben nach gemeinsamer Regierungsverantwortung, um Große Koalition abzulösen
- 21. Oktober 1969: **Wahl Willy Brandts** (SPD) **zum Bundeskanzler** und Ernennung Walter Scheels (FDP) zum Außenminister → Reformen in der Deutschland- und Gesellschaftspolitik
- Bruch Brandts mit der Doktrin von der Nicht-Existenz der DDR durch **Formel von „zwei Staaten in Deutschland"**
- **Ziel:** neue Grundlage für Beziehungen mit osteuropäischen Staaten nach dem Prinzip **„Wandel durch Annäherung"** (Egon Bahr)

Ostverträge

Moskauer Vertrag (12. August 1970)

- Abkommen mit der Sowjetunion als **Voraussetzung für Verträge** mit Polen, der Tschechoslowakei und der DDR
- **Vertragspartner:** Bundesrepublik, UdSSR
- Achtung der territorialen Integrität aller Staaten in Europa und Erklärung von **Gewaltverzicht**
- **Unverletzlichkeit** (nicht Unveränderbarkeit) der Grenzen aller Staaten in Europa mit ausdrücklicher Nennung der **Oder-Neiße-Grenze** und der Grenze zwischen Bundesrepublik und DDR
- **„Brief zur deutschen Einheit"** der Bundesregierung an die Sowjetunion: Vertrag kein Widerspruch zu langfristigem Ziel einer deutschen Wiedervereinigung „in freier Selbstbestimmung"
- **Probleme:** Andauern des politisch-ideologischen Gegensatzes, kein Ende des Rüstungswettlaufs

Warschauer Vertrag (7. Dezember 1970)
- **Vertragspartner:** Bundesrepublik, Polen
- **Achtung der gegenwärtigen Grenzen** (Oder-Neiße-Linie), aber endgültige Regelung soll Friedensvertrag mit Gesamtdeutschland vorbehalten bleiben
- **Kniefall Willy Brandts** am Getto-Denkmal in Warschau (symbolische Entschuldigungsgeste)
- **Probleme:** Streit über Schulbuchvereinbarungen (Forderung nach objektiver Darstellung der polnischen Geschichte), Landkarten (Grenzziehungen, Bezeichnung von Städten) usw.

Viermächteabkommen über Berlin (3. September 1971)
- **Vertragspartner:** USA, Großbritannien, Frankreich, UdSSR
- **freier Transitverkehr** nach Berlin und Gewaltverzicht
- **Westberlin** weiterhin **kein Bestandteil der Bundesrepublik**, aber Akzeptanz seiner **engen Bindung an Westdeutschland**
- **Problem:** Status der Berliner Westsektoren weiterhin nicht eindeutig geklärt

Transitabkommen (17./20. Dezember 1971)/Verkehrsvertrag (26. Mai 1972)
- **Vertragspartner:** Bundesrepublik, DDR
- Regelungen des **Personen- und Güterreiseverkehrs** zwischen Bundesrepublik und Westberlin
- **Reiseerleichterungen** und erweiterte **Besuchsmöglichkeiten** von West nach Ost
- **Problem:** weiterhin nur eingeschränkt Besuche von Ost nach West

Grundlagenvertrag (21. Dezember 1972)
- **Vertragspartner:** Bundesrepublik, DDR
- Vereinbarung **gutnachbarlicher Beziehungen** auf der Grundlage der **Gleichberechtigung**
- **Aufgabe des Alleinvertretungsanspruchs**, aber keine völkerrechtliche Anerkennung der DDR
  → Einrichtung von „**Ständigen Vertretungen**" anstelle von Botschaften
  → aus Sicht der Bundesrepublik existiert **keine DDR-Staatsbürgerschaft**
- **Probleme:** Weiterbestehen der Berliner Mauer und des Schießbefehls, noch ausstehende Wiedervereinigung, fehlende Respektierung der Menschenrechte in der DDR

Prager Vertrag (17. Dezember 1973)
- **Vertragspartner:** Bundesrepublik, Tschechoslowakei
- **Verzicht auf Gebietsansprüche** und Bekenntnis zu **Unverletzlichkeit der Grenzen**
- Vereinbarung zukünftiger Zusammenarbeit und **Aufnahme diplomatischer Beziehungen**
- **Problem:** Widerstand und Enttäuschung bei Sudetendeutschen wegen Verzicht auf Sudetenland

Auswirkungen

- **Anerkennung der bestehenden Grenzen** und der DDR → **Reiseerleichterungen**
- westdeutsche **Kredite für die DDR**
- **Hoffnungen bei DDR-Bevölkerung auf Liberalisierung**, stattdessen Ausbau des Überwachungsapparats der Stasi und **Verschärfung der Grenzsicherung** → Unzufriedenheit bei der Bevölkerung und langfristige **Destabilisierung** des Staats
- **Kritik in der Bundesrepublik:**
  – Stabilisierung der DDR durch Anerkennung → **Zementierung der deutschen Teilung**
  – **Aufgabe wesentlicher Rechtspositionen**, z. B. in Bezug auf die Oder-Neiße-Linie
  → erfolglose Versuche der Vertriebenenverbände, Neue Ostpolitik zu verhindern
  → Misstrauensvotum gegen Brandt, das aber scheitert

Auf einen Blick

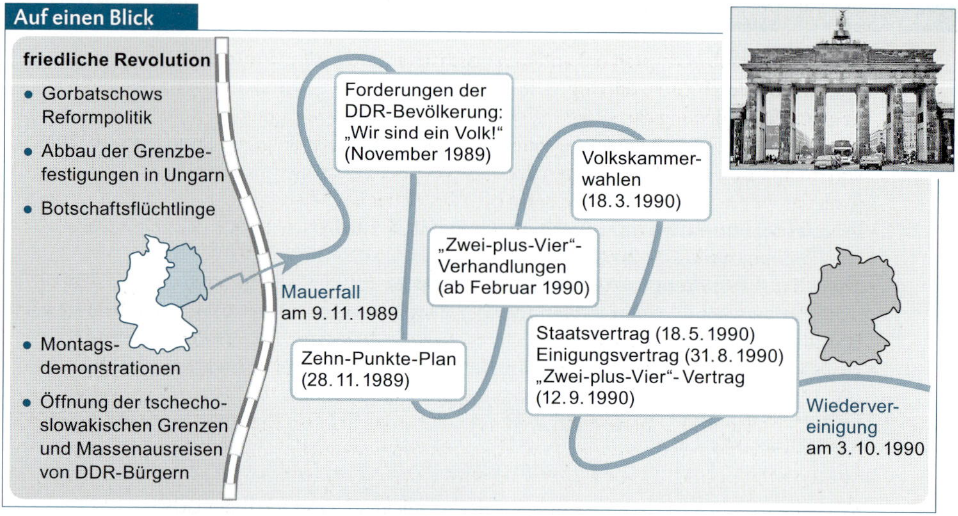

Friedliche Revolution und Mauerfall 1989

- 11. März 1985: **Wahl Gorbatschows** zum Generalsekretär der KPdSU → Reformversuche in der Sowjetunion (Glasnost: Offenheit und Transparenz sowie Perestroika: Umbau der wirtschaftlichen und politischen Strukturen des Landes) und internationale Friedenspolitik → **Auftrieb für oppositionelle Gruppen** im gesamten Ostblock
- Weigerung der DDR-Führung, Gorbatschows Reformen zu übernehmen
- Auswirkungen der Reformen in anderen Ostblockstaaten: vorsichtiger **Reformkommunismus in Ungarn** → 2. Mai 1989: Beginn mit **Abbau der Grenzbefestigungen** zu Österreich
- Besetzung der bundesrepublikanischen Botschaften in Prag, Budapest und Warschau sowie der Ständigen Vertretung der Bundesrepublik in Ostberlin durch **ausreisewillige DDR-Bürger**
- **Führungslosigkeit der DDR** wegen Krankheit des Parteichefs Erich Honecker → zunehmende Unruhe im Land
- 4. September 1989: erste **Montagsdemonstrationen** in Leipzig (Forderungen nach Reformen) und Formierung der Oppositionsbewegung **„Neues Forum“**
- 30. September 1989: Erlaubnis zur **Ausreise von Botschaftsflüchtlingen** wegen unhaltbarer Zustände in überfüllten Botschaften und wegen bevorstehender Feierlichkeiten zum 40-jährigen Staatsjubiläum der DDR, aber weiterhin Ablehnung von Reformen durch die DDR-Regierung
- ab 9. Oktober 1989: **friedliche Massendemonstrationen** in Leipzig und anderen ostdeutschen Städten für demokratische Reformen → 18. Oktober 1989: **Rücktritt Honeckers** (Nachfolger: Egon Krenz) → Ausbleiben der von Krenz angekündigten Wende
- 4. November 1989: **Öffnung der tschechoslowakischen Grenzen** für DDR-Bürger und **Großdemonstration** auf dem Alexanderplatz in Ostberlin → 7./8. November 1989: **Rücktritt der DDR-Regierung** und des gesamten Politbüros
- 9. November 1989: irrtümliche Verkündung der vollständigen Reisefreiheit durch Politbüromitglied Günter Schabowski auf einer Pressekonferenz → massenhafte Ausreise aus der DDR und **Fall der Berliner Mauer**

Weg zur Wiedervereinigung

- Verlust der Glaubwürdigkeit des antiimperialistischen und antifaschistischen Selbstverständnisses der DDR durch Grenzöffnung → **fehlende staatliche Legitimation** → Forderungen aus dem Volk nach Bildung eines Nationalstaats durch Wiedervereinigung
- Pläne zur langfristigen Realisierung einer deutschen Wiedervereinigung: **Zehn-Punkte-Plan** von Helmut Kohl und Vorstellungen der SED von einer **„Vertragsgemeinschaft"** → Niederlegung der bereits überholten Pläne unter dem Druck der Bevölkerung
- **Diskussion von Reformen innerhalb der DDR** („Runder Tisch"), aber zu wenig konkret, um Übersiedlungswelle aufzuhalten
- ab Februar 1990: **Konferenzen der Außenminister** der vier Siegermächte und der beiden deutschen Staaten („Zwei-plus-Vier") zur Regelung der außenpolitischen Aspekte der deutschen Einheit → nach anfänglichen Bedenken internationale Akzeptanz der Wiedervereinigung
- 18. März 1990: vorgezogene **Volkskammerwahlen** → schwere Niederlage für umbenannte PDS (Partei des Demokratischen Sozialismus) als Nachfolgepartei der SED und für „Neues Forum" (Konzept einer demokratischen, aber weiterhin unabhängigen DDR) → Wahlsieg der **„Allianz für Deutschland":** Legitimation der Wiedervereinigung durch DDR-Bevölkerung
- 18. Mai 1990: Festlegung der Details zur Wiedervereinigung im **Staatsvertrag**, z. B. Währungs-, Wirtschafts- und Sozialunion → Aufgabe der staatlichen Souveränität der DDR
- 31. August 1990: Abschluss der Wiedervereinigung durch **Einigungsvertrag** → Beschluss zum **Beitritt der DDR zur Bundesrepublik** am 3. Oktober 1990: DDR als Teil der Bundesrepublik
- 12. September 1990: Unterzeichnung des **„Zwei-plus-Vier"-Vertrags** als Ersatz für Friedensvertrag des Zweiten Weltkriegs: volle Souveränität für Deutschland und Bestätigung der deutschen Grenzen → weitere Entspannung zwischen Ost und West

Interessen und Konflikte

- November 1989: **Ablehnung einer Wiedervereinigung** durch die Mehrheit der politischen Handlungsträger in Deutschland sowie durch die ehemaligen Siegermächte → stattdessen Forderungen nach Demokratisierung innerhalb der DDR
- verstärktes Aufkommen der Parole **„Wir sind ein Volk!"** → Streben nach Wiedervereinigung in der DDR-Bevölkerung, v. a. wegen Wunsch nach Befriedigung materieller Bedürfnisse → Bitte der DDR-Regierung um Finanzhilfen an Regierung Kohl → **Unterstützung der Einheitsbestrebungen** durch Helmut Kohl, ABER **Widerstand der ehemaligen Kriegsgegner:**
  - **USA:** Zustimmung zum Prinzip der nationalen Selbstbestimmung, aber Forderung von Zugehörigkeit des wiedervereinigten Deutschland zur **NATO** ↔ Ablehnung durch die Sowjetunion
  - **Frankreich:** Furcht vor Verzögerung der (west-)europäischen Wirtschaftsintegration und vor Übermacht Deutschlands durch Wiedervereinigung
  - **Großbritannien:** Befürchtung einer deutschen Hegemonie in Europa und Gefährdung der eigenen „special relationship" zu den USA
  - **Polen:** Furcht vor Revision der Ostgrenzen → endgültiger Verzicht Deutschlands auf Gebiete östlich der **Oder-Neiße-Linie** als Bedingung für Wiedervereinigung → Zusicherung Helmut Kohls, einen Grenzvertrag mit Polen abzuschließen
  - **Sowjetunion:** Angst vor Wegfall eines Bündnispartners (DDR) und Widerstand gegen Zugehörigkeit Gesamtdeutschlands zu westlichem Verteidigungsbündnis

  → wirtschaftliche und finanzielle Hilfszusagen der Bundesregierung für ehemalige Ostblockstaaten → Umstimmung Gorbatschows → Abschluss des **„Zwei-plus-Vier"-Vertrags**

PRÜFUNGS-ANGST

STOPP DIE PANIK

Mit der Fußsohlen-Methode

Prüfungen können Angst- und Fluchtsituationen sein. Dein Körper schüttet Adrenalin aus und dämpft das Gefühl in den Füßen. Z. B. beim Weglaufen ist es gut, wenn man die Füße nicht spürt. Eine Prüfung ist aber **keine Gefahrensituation**. Signalisiere deinem Körper, dass du nicht weglaufen musst, und bring das Gefühl in deine Füße zurück:

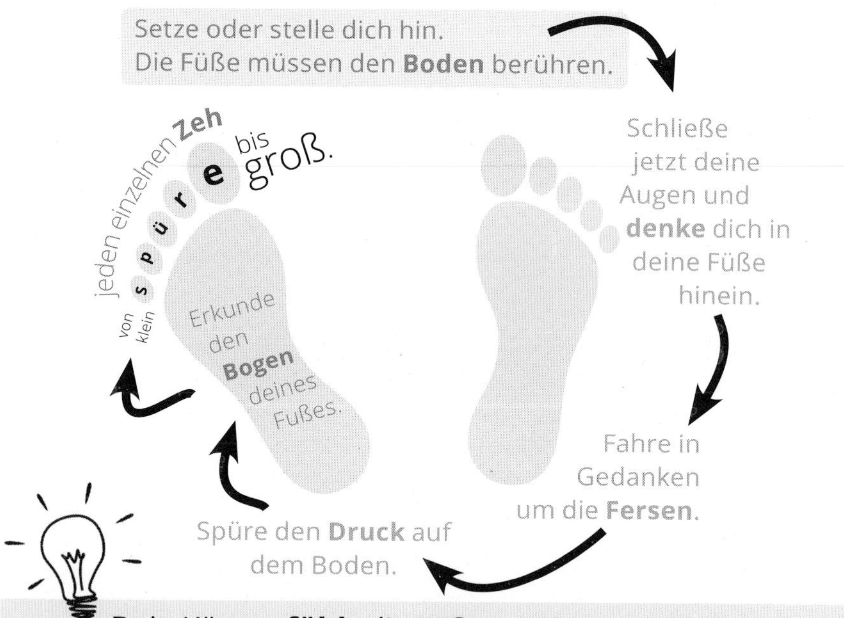

Dein Körper **fühlt** die Füße wieder und denkt, er sei in keiner Panik-Situation, sondern in **Sicherheit**.

www.stark-verlag.de

STARK